W0173703

Hermann Multhaupt
Kreuzfidel und himmlisch heiter
Anekdoten über Gottes vergnügtes Personal

HERMANN MULTHAUPT

Kreuzfidel &
himmlisch heiter

Anekdoten über Gottes
vergnügtes Bodenpersonal

benno

Bibliografische Information der Deutschen Nationalbibliothek
Die Deutsche Nationalbibliothek verzeichnet diese Publikation
in der Deutschen Nationalbibliografie;
detaillierte bibliografische Daten sind im Internet
unter http://dnb.d-nb.de abrufbar.

Besuchen Sie uns im Internet:
www.st-benno.de

Gern informieren wir Sie unverbindlich und aktuell
auch in unserem Newsletter zum Verlagsprogramm,
zu Neuerscheinungen und Aktionen.
Einfach anmelden unter www.st-benno.de.

ISBN 978-3-7462-4799-1
© St. Benno Verlag GmbH, Leipzig
Umschlaggestaltung: BIRQ DESIGN, Leipzig
Illustrationen: Karsten Lackmann, Altötting
Coverillustration: © Thomas Luft
Gesamtherstellung: Kontext, Lemsel (A)

Inhalt

Gottes heiteres Bodenpersonal

„Du fiesen Möpp"

Staatssekretär Rafael Kardinal Merry del Val (1865–1930) war dafür bekannt, dass er zahlreiche Sprachen sprach. Als einmal eine Wallfahrtsgruppe aus Köln über den Petersplatz ging, machte der sie begleitende Geistliche auf den hohen Würdenträger aufmerksam, der ihnen gerade entgegenkam. „Er spricht fünfzig lebende Sprachen", schwärmte der Geistliche. Als der Kardinal in Augenhöhe vorbeikam, sagte einer aus der Gruppe besonders hörbar: „Aber Kölsch kann er nit." Worauf der Kardinal den Sprecher strafend ansah und erwiderte: „Du fiesen Möpp!"

In Gottes Hand

In Riga betrieben viele Menschen den Segelsport. Pastor Berkholz konnte sich dafür jedoch nicht erwärmen. Als er einmal gefragt wurde, weshalb er sich nicht aufs Wasser hinauswage, antwortete er: „Ach, wissen Sie, da begibt man sich doch zu sehr in Gottes Hand."

Keine Sehnsucht nach dem Paradies

Bischof Thillier aus Frankreich, ein Oberhirte des 18. Jahrhunderts und mehr Lebenskünstler als Seelsorger, fuhr auf einem Segler von Marseille nach Ajaccio. Das Schiff geriet in einen fürchterlichen Sturm, und die Mannschaft hatte alle Hände voll zu tun, um es aus der Gefahrenzone herauszumanövrieren. Der Bischof, der die aufgebrachten Matrosen beobachtete, fragte: „Sind wir in Gefahr?" „Das kann man wohl sagen", lautete die Antwort. „Wenn der Sturm nicht in zwei Stunden nachlässt, sehen wir uns alle im Paradies wieder." „Dem sei Gott vor!", rief der Bischof entsetzt.

Der überpünktliche Kardinal

Adolf Kardinal Bertram (1859–1945), Fürstbischof von Breslau und zeitweise Vorsitzender der Deutschen Bischofskonferenz, war in seinem Bistum wegen seiner Überpünktlichkeit bekannt. Wenn er zur Firmung anreiste, war er oftmals so früh am betreffenden Ort, dass noch niemand mit seinem Erscheinen rechnete. Einmal klingelte er weit vor der Zeit an einer Pfarrhaustür, dass die Haushälterin erschreckt vermelden musste, dass der Pfarrer noch nicht angezogen und gerade beim Rasieren sei. Die Nachricht schockte den Kardinal nicht. Er drängte an der Haushälterin, die ihm den Weg verstellen wollte, vorbei und begrüßte den eingeseiften und in Hemdsärmeln erscheinenden Pfarrer mit den Worten: „Lieber Confrater, ich bin etwas früher gekommen, um Ihnen beim Rasieren zu helfen."

Erdbeeren mit Schlagsahne

Die Erdbeeren im Garten des Pfarrhauses waren reif. Rot und lockend leuchteten sie über den Zaun. Eine kleine Schar Kinder stand vor dem Maschendraht und blickte sehnsüchtig auf die verlockende Frucht. Sollten sie oder sollten sie nicht? Schließlich überwog die Begierde. Die Kinder kletterten an einer schlecht einsehbaren Stelle über den Zaun und begannen hastig, die Erdbeeren zu pflücken.

„Halt! Was macht ihr denn da!" Der Schatten des Pfarrers legte sich drohend über die am Boden hockenden Kinder.

„Ihr wisst, was ihr da tut?" Einhelliges Nicken.

„Dürft ihr das?" Einhelliges Kopfschütteln.

„Ihr wisst, dass ihr bestraft werden müsst?"

Die Köpfe gesenkt standen die Kinder vor dem streng dreinschauenden Pfarrer.

„Also, morgen Nachmittag um diese Zeit erscheint ihr allesamt im Pfarrhaus. Und jetzt los mit euch!"

Erleichtert aber bedrückt zugleich wegen der zu erwartenden Strafe flitzten die Kinder los, diesmal durch das Tor, das der Pfarrer ihnen aufgemacht hatte.

Am folgenden Nachmittag erschienen sie alle wortlos im Pfarrhaus. Der Pfarrer bat sie ins Wohnzimmer. Dort war zu ihrem Erstaunen der Tisch mit Erdbeeren gedeckt. Und dazu gab es auf jedem Teller noch ein Sahnehäubchen. Großes Aufatmen und der Anflug eines Lächelns.

„Nun", begann der Pfarrer seine Begrüßung, und seine Stimme klang gar nicht mehr streng, „was ihr gestern getan habt, war Diebstahl, das wisst ihr hoffentlich. Erdbeeren stehlen – so etwas tut man nicht. Das sollte euch eine Lehre sein. Was lernt ihr daraus?"

Die kluge Else ergriff das Wort: „Dass wir lieber in dein Haus kommen, weil wir hier die Erdbeeren mit Schlagsahne erhalten."

Nicht besser verdient

Hohenzollern bestand bis 1849 aus zwei kleinen selbstständigen Fürstentümern: dem Fürstentum Hohenzollern-Hechingen mit den Stammlanden des Gesamthauses und dem Fürstentum Hohenzollern-Sigmaringen. 1850 fiel das Gebiet an Preußen. Das Königshaus in Berlin scheute keine Mühen, dass das Stammland, das schwäbisch-württembergische Gebiet, sich auch politisch preußisch fühlte. Die Geistlichen des Landes erhielten die Aufforderung, in der Sonntagspredigt auf die neue Situation hinzuweisen, was zum Teil widerstrebend geschah. Ein Pfarrer bestieg die Kanzel und sagte: „Heute muss ich über zwei Punkte sprechen, meine Lieben. Einmal, wie sehr wir uns freuen müssen, dass wir preußisch geworden sind, zum Zweiten, wie gerecht dieser Anschluss an Preußen ist, da wir es wegen unserer vielen Sünden nicht besser verdient haben."

Wenn alle Stricke reißen

Ein reicher Schrotthändler ist nicht gut auf die Kirche zu sprechen. „Wenn alle Stricke reißen und mein Sohn die nötigen Examina nicht besteht, kann er immer noch Theologie studieren. Die nehmen heute ja jeden, der Pfarrer werden will", meint er zu seinem Gesprächspartner.

Das hat der Pfarrer hinter ihnen gehört. „Verzeihung", sagt er, „da war Ihr Herr Vater aber wohl nicht dieser Ansicht."

Mit Latein kommt man weiter

Der Dreißigjährige Krieg hatte viele Dörfer in Schutt und Asche gelegt. Entsprechend sah es auch in den Gotteshäusern aus. Viele Kirchen waren niedergebrannt, von manchen standen nur die Außenmauern. Und in denen, die noch halbwegs instand waren, hauste Ungeziefer. Viele Sakralbauwerke waren ihrer Kunstschätze beraubt worden. Bei seiner Visitationsreise durch sein zerstörtes Hochstift machte sich ein Bischof unterwegs Notizen über die vorgefundenen Zustände. Nach dem Besuch im Dorf T. schrieb er in sein Merkbuch „Mäuse im Tabernakel", und beim Dorf B. „Wildkaninchen hinter der Kommunionbank".

Für die Beförderung des Bischofs von einem Ort zum nächsten waren die Dorfbewohner zuständig. So war der hohe Würdenträger mal auf Kutschen, mal auf einfache Heuwagen angewiesen. Einmal sollte ihm sogar ein Leichenwagen zugemutet werden, doch den lehnte er dankend ab. Die Straßen waren marode und von Gerümpel und Schlamm bedeckt. Auf einer besonders schlechten Wegstrecke blieb der Wagen im Morast stecken. Da halfen weder gute Worte noch die Peitsche. Die Pferde kamen nicht voran. Der Bischof schimpfte den Bauern aus, weil er den Wagen manövrierunfähig gesteuert habe. Der Bauer hörte sich die Schelte eine Weile an, longierte das Fahrzeug auf den Weg zurück und sagte dann: „Unser Pfarrer sagt, mit Latein kommt man durch die ganze Welt. Stimmt das?"

„O ja", erwiderte der Bischof versöhnt, „das ist wahr."

„Dann sehen Sie zu, dass Sie mit Latein weiterkommen", riet der Bauer, hieß den Bischof absteigen und fuhr nach Hause.

Nicht so oft

Leon kann sich nicht vorstellen, dass der Pfarrer auch mal auf die Toilette muss ... Er fragt deshalb die Kindergartenschwester. Die weicht errötend aus und sagt schließlich: „Schon, aber nicht so oft."

Domkapitel ohne Spiritus

Es war die Zeit der Inflation und der Weltwirtschaftskrise, als der Küster einer großen Kathedrale etwas Brennspiritus verschüttete, der damals sehr schwer zu bekommen war. Ein Domherr bemerkte das Malheur. Er rief: „Mein Freund, passen Sie doch besser auf. Das Domkapitel hat wahrlich keinen Spiritus übrig."

Zunächst Sanatorium

Der Pfarrer ist beim Gottesdienst zusammengebrochen und liegt nun zu Bett. Der Arzt untersucht ihn eindringlich. „Sie müssen ein paar Wochen ausspannen", erklärt er schließlich.

„Unmöglich, ich habe so viele unaufschiebbare Aufgaben. Denken Sie nur, bei dem Priestermangel muss ich vier Gemeinden versorgen", antwortet der Pfarrer.

„Dann muss ich etwas deutlicher werden. Hier geht es nur um die Frage: Sanatorium oder Himmel."

Der Patient wälzt sich unruhig im Bett und denkt nach. Schließlich entscheidet er: „Nun gut, zunächst einmal Sanatorium."

Küster Deubel

Ein Gast, der sich im schönen Luftkurort erholt, möchte einen schönen Rosenstrauß zur Gottesmutter in die Kirche bringen. Zufällig geht der Pfarrer im Gotteshaus auf und ab und betet sein Brevier.

„Wohin kann ich den Rosenstrauß ablegen?", fragt die Frau ihn.

Der Pfarrer entgegnet: „Legen Sie ihn nur auf die Altarstufen, da wird ihn der Deubel schon finden."

Die Frau verlässt entsetzt das Gotteshaus. Sie konnte nicht wissen, dass der Küster Deubel hieß.

Oder ein anderes Unglück

Bei einem Rundgang durch die Stadt erklärt die Fremdenführerin auch die Kirche. Sie macht auf eine tausendjährige Glocke aufmerksam. „Sie wird nur geläutet, wenn Feuer ausbricht, der Bischof kommt oder ein anderes Unglück passiert."

Hüte dich ...

Ein neuer Pfarrer kommt in die Gemeinde und macht erste Hausbesuche. In einer Familie öffnet ihm die bildhübsche Tochter des Hauses, die Studentin ist, die Tür. Er wird von ihr gefragt, ob er Tee oder Kaffee wünsche. Der Pfarrer antwortet auf Latein: „Te vellem, sed quia pastor sum, dico: cave nigrum!"

Niemand, auch nicht die Studentin, kann den Satz übersetzen. So sagt der Gast: „Ich trinke am liebsten Tee. Doch weil ich ein Pfarrer bin, schwarzen Kaffee."

Man unterhält sich angeregt. Als der Pfarrer geht, bittet ihn die Hausfrau, doch zu übersetzen, was er eingangs zu ihrer Tochter gesagt habe. Der Pfarrer antwortet verschmitzt: „Dich am liebsten. Aber da ich Geistlicher bin sage ich: Hüte dich vor einem Schwarzrock."

Kein Amtsverzicht

Ein betagter Pfarrer, der an seinem Amt hing und es nicht aufgeben wollte, wurde schließlich, als alle Aufforderungen, nun endlich in den Ruhestand zu treten, nichts halfen, zu seinem Bischof bestellt. Der Bischof redete dem Mitbruder zu, wie gut ihm die Altersruhe bekäme und wie erleichtert er sich fühlen würde, wenn er das schwere Amt und die Bürde der Verantwortung endlich abgetreten habe.

„Wie alt sind Sie eigentlich?", fragte Bischof schließlich.

„Ich bin drei Jahre jünger als Eure Exzellenz", lautete die Antwort. Der Pfarrer behielt sein Amt.

Was das Kruzifix antwortet

Einmal musste der Bischof einen Priester zurechtweisen, weil der sich angemaßt hatte, im Namen seiner Mitbrüder zu sprechen, was nicht den Tatsachen entsprach. „Wie können Sie so etwas behaupten, da Sie doch niemanden wirklich gefragt haben?", schalt der Bischof.

„Ich habe das große Kruzifix in der Kirche befragt", erwiderte der Geistliche.

„Dagegen ist nichts einzuwenden", erwiderte der Bischof, „nur hätten Sie auch sagen sollen, was das Kruzifix geantwortet hat."

Kein besserer Gedanke

Ein Bischof hatte einen Band mit Betrachtungen zu den Evangelien herausgegeben. Als er ein Jahr später eine Gemeinde besuchte und der Pfarrer im Gottesdienst predigte, musste der Bischof mit Verwunderung feststellen, dass der Pfarrer eine seiner Betrachtungen im Wortlaut wiedergab.

Nach dem Gottesdienst tadelte der Bischof: „Herr Pfarrer, Sie haben ja meinen Text in der Predigt verwendet."

„Aber Herr Bischof", antwortete der Pfarrer, „kann man denn bessere Gedanken weitergeben als die Ihren?"

Das Dach festgehalten

Ein schwerer Sturm fegt über die Städte und Dörfer hinweg. Bäume knicken, die Oberleitungen der Bahn sind zerrissen, die Straßen blockiert. Als der Kirchenvorstand am nächsten Tag zum Pfarrer kommt und fragt, ob er das Unwetter im Pfarrhaus gut überstanden habe, gibt der pfiffige Pfarrer zur Antwort: „Natürlich, ich habe die ganze Nacht das Dach festgehalten."

Perplex

Ein recht konservativer älterer Pfarrer hat schon mehrmals über die Ehe gepredigt. Dabei sind die Frauen schlechter weggekommen als die Männer. Schließlich wurde es einer Zuhörerin zu bunt. Nach dem Gottesdienst passte sie den Geistlichen auf dem Heimweg ab. „Herr Pastor, so geht das nicht. Sind wir Frauen denn nun gar nichts mehr wert? Nach Ihrer Meinung kommen wir ja nicht einmal ins Fegefeuer, geschweige in den Himmel."
Der Pfarrer war perplex und wusste auf die Schnelle keine passende Antwort. Schließlich sagte er: „Frau X., Sie haben jetzt gewiss mit dem Sonntagsbraten zu tun."

Die vierzehn Bahnhöfe

Der junge ausländische Priester ist der deutschen Sprache noch nicht ganz mächtig. Als jemand zu ihm zur Beichte kommt, gibt er ihm zur Buße auf: „Beten Sie die 14 Bahnhöfe vom Kreuzweg."
– Gemeint waren natürlich die 14 Stationen.

Die Beichte

Zwei ältere Junggesellen saßen zusammen. Als sie hörten, dass ein Freund von ihnen schwer erkrankt sei, fragte der eine den anderen: „Sag mal, wir sind ja auch nicht mehr jung. Wir sollten auch mal ans Ende denken. Hast du in den letzten Jahren mal wieder gebeichtet?"

„Ja", sagte der andere, „erst vor einem Jahr war ich in Werl bei der Muttergottes." (Werl ist ein Wallfahrtsort.)

„Hast du dem Pastor auch alles gesagt? Ich meine, du hattest es ja auch manchmal faustdick hinter den Ohren."

„Ich habe nur eine Kleinigkeit gebeichtet. Aber davon machte der Pfarrer ein solches Aufheben, dass ich heute noch im Beichtstuhl sitzen würde, wenn ich mich nicht mit Lügen herausgeredet hätte."

Der Beichtstuhl des hl. Josef

Wie führt man die Erstkommunionkinder an die Erstbeichte heran? Ein Pfarrer ließ sich etwas einfallen: „Wir feiern das Fest des hl. Josef", begann er. „Ihr wisst, dass Josef ein Zimmermann und Tischler war. Er stellte Tische, Stühle und Schränke her, und natürlich auch Bänke. Zu den Stühlen gehörte der Beichtstuhl. Deshalb wollen wir uns zu Ehren des hl. Josef mit der Beichte beschäftigen."

Die geheilte Frau

Abbas Longinus wohnte in einer bescheidenen Hütte am neunten Meilenstein vor Alexandrien. Eines Tages kam eine Frau, die an Krebs litt und seines Trostes bedurfte. Longinus sammelte gerade Holz am Ufer des Meeres. Die Frau kannte ihn nicht und fragte: „Wie komme ich zum Altvater Longinus, dem Diener Gottes?"

„Was willst du von diesem Schwindler?", fragte Longinus. „Geh nicht zu ihm, er ist ein Betrüger. Was wünscht du denn von ihm?" Die Frau offenbarte ihre Krankheit und den dringenden Wunsch, mit Longinus zu sprechen. Da machte Longinus das Kreuzzeichen über die Frau und sagte: „Geh, Gott heilt dich. Longinus kann dir nicht helfen."

Die Frau ging ihrer Wege im Vertrauen darauf, was der Mann ihr gesagt hatte, und war geheilt. Als sie später einigen Menschen von dem Erlebnis erzählte, erfuhr sie, dass sie mit Abbas Longinus gesprochen hatte.

Das Fasten und das Gebot der Liebe

Altvater Kassian und der hl. Germanus statteten einer Mönchsgemeinschaft in der Wüste einen Besuch ab. Sie waren von weit hergekommen und müde und erschöpft. Der Vorsteher der Mönchsgemeinschaft bot alles auf, um die Besucher zu bewirten und es ihnen wohl ergehen zu lassen.

Da fragten die Gäste: „Höre, Bruder, warum trägst du alles auf, was du an Speisen besitzt, und warum haltet ihr gegenüber uns, euren Brüdern, die Regel des Fastens nicht ein?"

Darauf entgegnete der Gastgeber: „Das Fasten ist stets bei uns. Euch aber können wir nicht immer bei uns haben. Das Fasten ist eine nützliche und notwendige Sache. Das Gesetz Gottes jedoch verlangt mit Nachdruck die Erfüllung des Gebotes der Liebe. Darum müssen wir mit allem Eifer darauf bedacht sein, dieses Liebesgebot zu erfüllen. Wenn ihr gegangen seid und euren Weg fortsetzt, können wir die Regel des Fastens wieder befolgen."

Zwischenfälle im Gottesdienst

„Was war denn drauf?"

Die Eltern möchten während der hl. Messe zur Kommunion gehen. Sie erklären ihrem Kind, dass sie das heilige Brot empfangen und sofort zurückkommen würden. Nachdem die Eltern wieder in der Bank Platz genommen haben, fragt das Kind leise: „Was war denn drauf?"

Ohne Cheferzähler

Karsten ist als Dreijähriger zum ersten Mal in einem Gottesdienst gewesen und hat den Prediger auf der Kanzel erlebt. Als er einige Tage später mit seinen Eltern noch einmal die Kirche außerhalb der Gottesdienstzeiten betritt, sagt er enttäuscht: „Der Cheferzähler ist heute aber nicht da."

Predigt als Sonntagsschlaf

Der Dorfpfarrer ist heiser und er sucht den Arzt auf. Der Arzt schaut dem Patienten in den Hals und erkennt eine starke Rötung. „Sie müssen unbedingt kürzer predigen, denn Ihr Kehlkopf gefällt mir gar nicht."

Der Pfarrer seufzt: „Ach, Herr Doktor, das kann ich meinen Bauern nicht zumuten. Sie brauchen die halbe Stunde Sonntagsschlaf."

Die Hölle und das Alltagsgesicht

Der Baptistenprediger Charles Haddon Spurgeon (1834–1892) bildete Laienhelfer zu Predigern aus und empfahl: „Nicht nur eure Gestik muss mit dem übereinstimmen, was ihr sagt. Der Tonfall der Stimme und die Bewegungen der Arme sind zum Beispiel sehr wichtig. Aber wenn ihr vom Himmel sprecht und von der ewigen Seligkeit, dann müssen die Zuhörer sehen, wie eure Mienen sich verklären und die Augen aufleuchten in himmlischem Glanz. Und wenn die Rede auf die Hölle kommt – nun, dann genügt es vollkommen, wenn ihr eure Alltagsgesichter zur Schau tragt."

„Bätensieder"

Der Pfarrer einer Gemeinde war nicht übermäßig groß. Er litt manchmal darunter, dass er nicht von der gleichen stolzen Statur war wie mancher seiner Mitbrüder. Er liebte die plattdeutsche Sprache. Bei einer Taufe hielt ein großer Pate das Kind über das Taufbecken. Darauf bat der Pastor: „Bäten sieder!" Ein bisschen niedriger. Der Pate verstand nicht, was der Pfarrer meinte und hielt das Kind in gleicher Höhe über das Becken. „Bäten sieder!", wiederholte der Pastor. Der Pater aber verstand: „Beten Sie wieder!" und begann laut und irritiert das Vaterunser zu beten. Die Geschichte machte die Runde, und der Pate hatte seinen Spitznamen weg: „Bätensieder".

„Für Zähne wird gesorgt"

In einer Gemeinde wurde „Mission" gehalten. Mission bedeutet: Zu diesem Zweck kommen auswärtige Patres in die Pfarrei, die mehrere Tage hintereinander Gottesdienste feiern und vor allem Predigten halten. Oft sind diese Predigten wahre Schimpfkanonaden. Einmal sagte ein Pater seinem Mitbruder in der Sakristei: „Leg noch ein Brikett mehr ins Feuer. Es ist noch nicht die richtige Reuestimmung da."
In einem anderen Fall schilderte der Pater auf der Kanzel die Qualen der verdammten Seelen in der Hölle. „Da wird Heulen und Zähneknirschen über die eigenen Verfehlungen und den Mangel an Reue sein", wetterte er. Nach dem Gottesdienst wendet sich ein armes zahnloses Frauchen an den Geistlichen und fragt:

„Herr Pater, sehen Sie mich an. Was ist, wenn man nun keine Zähne mehr hat?"

„O", rief er Pater voller Inbrunst, „für Zähne wird gesorgt."

Durch keine Predigt zu vertreiben

Wegen der vielen Verwaltungsaufgaben kommt der Pfarrer nicht mehr dazu, Hausbesuche zu machen. So spricht er manche seiner jüngeren Pfarrangehörigen auf der Straße an, erkundigt sich nach dem Befinden der älteren Familienmitglieder. „Nun, wie geht es denn Ihrem Vater, dem lieben Opa?", fragt er eine Frau, die er beim Einkauf trifft.

„Danke der Nachfrage, Herr Pfarrer. Er ist jetzt schon über 80. Da hat er natürlich seine Wehwehchen. Vor allem die Beine wollen nicht mehr."

„Dann freut es mich, dass er noch jeden Sonntag in der Kirche ist. Ich sehe ihn während der Predigt immer auf seinem Platz. Doch seinem Gesicht sehe ich an, dass ihm das Zuhören manchmal schwer fällt. Richten Sie ihm doch bitte meine Grüße aus und sagen Sie ihm, er muss nicht jeden Sonntag in die Kirche kommen oder erst nach der Predigt."

„Ach wissen Sie, Herr Pfarrer, wie oft mein Mann und ich ihm das schon vorgeschlagen haben? Aber er ist halsstarrig und erwidert stets: Lasst mich, Kinder, ich bin nun mal durch keine Predigt zu vertreiben."

„Mensch, wohin gehst du?"

Dem Berliner Missionsvikar Eduard Müller (1818–1895), ein aus Schlesien stammender Priester, der mit Adolf Kolping den Gesellenverein gründete, missfiel es, dass die Menschen nach dem Gottesdienst sofort die Kirche verließen. Damals war es nämlich üblich, dass die Predigt im Anschluss an die hl. Messe von einem anderen Priester als dem Zelebranten gehalten wurde. Müller sprang auf die Kanzel und rief in die sich zerstreuende Menge: „Mensch, wohin gehst du ...? Wohin gehst du, Mensch ...?" Sofort machten die Gläubigen kehrt, und der Missionsvikar konnte über die Irrwege des Menschen predigen und über die Pfade, die zum Heile führen.

Markante Worte von der Kanzel

Der bekannte Prediger und Schriftsteller Abraham a Santa Clara (1644–1709) wetterte einmal in Wien von der Kanzel gegen die allseits sich ausbreitende Frauenmode, ein möglichst großes Dekolleté zu tragen. „Frauen, die sich so entblößen, sind es nicht wert, angespuckt zu werden", erregte er sich. Die Kaiserin, die ebenfalls gern ausgeschnittene Kleider trug, forderte den Geistlichen daraufhin auf, zu widerrufen, andernfalls verliere er sein Amt als Prediger. Abraham a Santa Clara bestieg am folgenden Sonntag die Kanzel und verkündete: „Sie sind es wert."

Abraham a Santa Clara bemühte sich erfolgreich, die nach dem Dreißigjährigen Krieg gelockerten Sitten in Wien von der Kanzel aus anzuprangern. Einmal war das Gotteshaus wie immer voll, denn der Geistliche war ein angesehener und geschätzter Prediger. Manchmal, so auch diesmal, ging er zu weit. Jetzt verkündete er: „Die Jungfern von ganz Wien könnte man auf einer einzigen Schubkarre aus der Stadt hinausfahren." Damit meinte er, dass nur wenige von ihnen unberührt in die Ehe gingen. Mit dieser Bemerkung löste er unter den Frauen einen Sturm der Entrüstung aus. Auch die Kaiserin empörte sich. Sie ließ Abraham zu sich kommen und forderte ihn auf, den anstößigen Satz zu widerrufen. Am folgenden Sonntag bestieg der Prediger die Kanzel mit den Worten: „Meine lieben Wienerinnen. Warum die Aufregung? Ich habe doch nicht gesagt, wie oft man den Schubkarren vollladen müsste."

„Mistchristen" statt Mitchristen

Christian August Berkholz (1805–1889), Pastor an St. Jakobi in Riga, war ein lebhafter Mensch. In seiner übersprudelnden Geschäftigkeit neigte er manchmal dazu, sich beim Sprechen zu verhaspeln. Einmal betete er im Gottesdienst um „Taft zum Kragen" statt um „Kraft zum Tragen", ein andermal vom „Kommen der himmlischen Haarscheren" statt „Heerscharen". Das Tollste aber leistete er sich, als er die „Mitchristen" in „Mistchristen" verwandelte. Ein Mitbruder lästerte, er habe wohl damit zum Ausdruck bringen wollen, dass zu seiner Gemeinde vorwiegend Bauern gehörten ...

Nur mit Begleitung

Die Principessa Camilla Doria-Pamphili hatte die Angewohnheit, unmittelbar nach dem Kommunionempfang die Kirche zu verlassen, ohne das Ende der hl. Messe abzuwarten. Philipp Neri schickte ihr einmal vier Ministranten mit brennenden Kerzen nach, worauf die Principessa überrascht stehenblieb und fragte, was diese Begleitung zu bedeuten habe. Philipp Neri erklärte ihr: „Sie haben gerade den Leib des Herrn empfangen. Zu den Vorschriften der Kirche gehört es, das allerheiligste Sakrament mit Kerzen zu begleiten, wenn es über die Straßen getragen wird. Deshalb schickte ich Ihnen die Kerzenträger nach." Camilla Doria-Pamphili verließ seither nie mehr vor Ende des Gottesdienstes die Kirche.

Kluge Antwort

Friedrich Daniel Ernst Schleiermacher (1768–1834), protestantischer Theologe, Altphilologe, Philosoph, Publizist, war Professor an der von ihm mitbegründeten Universität Berlin und zugleich Prediger an der Dreifaltigkeitskirche. Stand sein Name am Schwarzen Brett, war das Gotteshaus bis zum letzten Platz gefüllt, darunter saßen viele junge Menschen. Einmal wurde er gefragt, ob er sich dieses Phänomen erklären könne. Schleiermacher dachte einen Augenblick nach. „Ja, wissen Sie", begann er dann, „ich unterscheide für mich drei Gruppen von Kirchenbesuchern: Studenten, Offiziere und junge Mädchen. Die Studenten kommen, weil ich ihr Professor bin und weil ich sie eines Tages auch examiniere. Ihre Anwesenheit, so meinen sie, werfe ein gutes Licht auf sie und verhelfe ihnen zu Vorteilen. Die Mädchen kommen, weil so viele Studenten anwesend sind. Und die jungen Leutnants kommen der jungen Damen wegen."

Ruhe, bitte!

König Karl II. von England (1630–1685) beschäftigte einen Hofprediger namens Doktor South. Bei einer seiner Predigten bemerkte South, dass ein Zuhörer nach dem anderen müde wurde und einschlief. Da rief er dreimal laut: „Lord Lauderdale!" Der Lord schrak auf und blickte sich verwirrt um. Doktor South sagte gelassen: „Es ist unverzeihlich, dass ich Sie in Ihrer Ruhe stören muss. Aber ich muss Sie bitten, verehrter Lord, nicht so laut zu schnarchen, denn Sie wecken sonst Ihre Majestät auf."

Kann nicht passieren

Der Pfarrer beklagte sich bei einem Mitbruder darüber, dass manche Männer während seiner Predigt das Gotteshaus verlassen, um nebenan im Wirtshaus schnell einen Frühschoppen zu nehmen.

„Das kann mir nicht passieren", lächelte der Nebenmann.

„Nein? Sind Sie ein so guter Prediger?"

„Mitnichten. Aber Gefängnispfarrer."

War dagegen

Den Westfalen sagt man nach, dass sie nicht viele Worte machen.
Eines Tages kam der Bauer aus dem Hochamt. Seine Frau stand
am Herd.

„Warst in der Kirche oder im Wirtshaus?"

„Kirche."

„Gut besetzt?"

„Nö."

„Wer hat gepredigt, Pfarrer oder Vikar?"

„Pfarrer."

„Worüber denn?"

„Sünde."

„Und was meint er?"

„War dagegen."

Falsche Gemeinde

Der Pfarrer meint, heute eine besonders gute Predigt gehalten zu
haben. Nach dem Gottesdienst tritt er zu den Gemeindemitglie-
dern, die sich vor der Kirchentür noch unterhalten. Darunter sieht
er auch einen fremden Mann. Den fragt er erwartungsvoll: „Nun,
wie hat Ihnen meine Predigt gefallen?"

Der Fremde antwortet: „Ich habe nicht genau hingehört. Ich bin
nämlich nicht aus Ihrer Gemeinde."

„Jetzt weiß ich, warum ..."

Der Pfarrer einer kleinen Stadt predigt über die Verschiedenheit
menschlicher Charaktere und den daraus entstehenden Reaktio-
nen. Um seine Argumente zu verdeutlichen, führt er verschiedene
Beispiele an. So erklärt er, dass zum Beispiel Rosen besser in der
Sonne gedeihen, Fuchsien dagegen den Schatten vorziehen.

Wenige Tage später begegnet ihm eine alte Frau. Sie kommt auf ihn zu und sagt: „Herr Pfarrer, Sie haben am letzten Sonntag aber eine schöne Predigt gehalten."

„Ja? Das freut mich. Was hat Ihnen denn am besten gefallen?"

„Das von den Fuchsien. Jetzt weiß ich, warum sie bei mir so schlecht gedeihen wollten."

Die beste Gelegenheit

Ein Pfarrer in Bayern beklagt sich beim Förster, dass er ihn schon lange nicht mehr im Gottesdienst gesehen habe.

„Das mag wohl stimmen", erwidert der Förster. „Doch wenn die Leute mich in der Kirche sehen, dann fehlt die Hälfte Ihrer Zuhörerschaft."

„Wieso denn das?", wundert sich der Geistliche.

„Ja, wissen Sie, wenn ich unter Ihrer Kanzel sitze, haben die Männer die beste Gelegenheit – zum Wildern."

Die richtigen Losnummern

In Schlesien war das Lotteriespiel einst groß in Mode. Die Menschen tauschten Rezepte aus, wie man unfehlbar zu Glücksnummern komme. Das widerstrebte einem Pfarrer, und er hielt eine Brandpredigt gegen die Unsitte. „Manche Familie hat sich schon ruiniert", wetterte er, „und zudem ist Lotteriespiel mit einer Art Aberglauben verbunden. Da kombiniert man aus Zufällen irgendwelche Zahlen, zum Beispiel acht, elf, siebzehn, vierundzwanzig, sechsunddreißig und so weiter, und meint, die Glückssträhne erhalten zu haben. Natürlich verliert man und das Wehklagen ist groß."

Nach dem Gottesdienst wartete ein älteres Mütterchen auf den Geistlichen. „Herr Pfarrer, das ging mir eben zu schnell. Können Sie mir die Losnummern aus der Predigt noch einmal sagen?"

Kollekte vor der Predigt

Pfarrer und Vikar saßen zusammen, um die Sonntagsgottesdienste zu besprechen.

„Wissen Sie schon, worüber Sie predigen werden?", erkundigte sich der Pfarrer.

„Ich gedachte die Sparsamkeit zum Thema zu machen und gegen die Verschwendungssucht zu predigen.", antwortete der Vikar.

„Nun gut", sagte der Pfarrer nach einer Weile, „aber dann sollten wir die Kollekte ausnahmsweise vor Ihrer Predigt halten."

„Rauf muss er!"

In einer österreichischen Gemeinde wurde das Fest Christi Himmelfahrt recht anschaulich gefeiert. Man band ein Seil um eine Christusfigur, und der Küster zog sie im Laufe des Gottesdienstes vor aller Augen langsam in die Höhe. Einmal geschah es nun, dass sich das Seil löste und die Figur mit großem Krach am Boden zerschellte. Der Küster fegte die Bruchstücke zusammen, tat sie in einen Eimer und hing den Eimer an das Seil mit den Worten: „Rauf muss er!"

Sparsame Kollekte

Bischof Friedrich Maria Rintelen war vor seiner Tätigkeit im damaligen Kommissariat Magdeburg Weihbischof in Paderborn. Seine Heimatgemeinde war Hamm in Westfalen. Wenn er sich nach einer Kirchweihe auf dem Kirchplatz mit den Gläubigen über die Opferbereitschaft der Gemeinde unterhielt, gab er folgende Geschichte zum Besten:

„Nach einer Bettelpredigt fragte ich meinen Onkel Friedrich, wie ihm die Predigt gefallen habe. Der Onkel antwortete: ‚Och, die hat mir ganz gut gefallen. Erstens hast du mit deiner schönen sonoren Stimme gepredigt. Da habe ich mir gesagt: Das muss belohnt werden. Hundert Prozent Aufschlag für die Kollekte. – Zweitens hast du die Not in der Diaspora recht anschaulich geschildert. Das muss ebenfalls bedacht werden: Zweihundert Prozent Aufschlag. – Drittens: Das Schönste war, dass du bereits nach zehn Minuten fertig warst. Die anderen Geistlichen predigen meist eine halbe Stunde. Das muss besonders belohnt werden: Dreihundert Prozent Aufschlag.' Ich", so fuhr der Bischof fort, „fragte meinen Onkel Friedrich: ‚Was hast du denn für die Diaspora gegeben?' Er darauf: ‚Sonst gebe ich zwei Pfennige, diesmal habe ich acht gegeben.'"

Im weißen Hemd

Der kleine Fynn ist zum ersten Mal bei seinem Onkel, der Pfarrer ist, in der Stadt. Als er mit seiner Tante die hl. Messe besucht und den Onkel zum Altar treten sieht, ruft er laut: „Da ist ja Onkel Wilhelm in seinem weißen Hemd!"

Spenden- oder Brechtüten?

Vor dem Gottesdienst werden Spendentüten für karitative Zwecke verteilt. Für den kleinen Benjamin dauert die Predigt zu lang. Nach der hl. Messe fragt er: „Der hat aber lange gepredigt. Hat er deshalb die Brechtüten verteilt?"

Altersbeschwerden

Nach dem Austeilen der hl. Kommunion setzt sich der Priester auf seinen Stuhl zur Meditation und stillen Anbetung. Nach dem Gottesdienst sagt ein Messdiener zu ihm in der Sakristei: „Schwere Beine gehabt, Herr Pfarrer, wa?"

Lachen

mit der Bibel

Keineswegs so alt

Heinrich Friedrich Wilhelm Gesenius (1786–1842) war ein deutscher Theologe, Gelehrter der Kulturen und Geschichte des Nahen Ostens und einer der bedeutendsten Gelehrten der alten Sprachen, besonders des Hebräischen, in Halle. Er hatte fünf Töchter. Die Studenten bezeichneten sie scherzweise als die fünf Bücher Mose: Genesis, Exodus, Leviticus, Numeri und Deuteronomium. Junge Mädchen ihres Alters waren meist schon verheiratet, doch es hatte sich noch kein rechter Anwärter eingefunden. Der Professor erregte bei seinen Studenten stets große Heiterkeit, wenn er seine Vorlesung über das erste Buch Mose so begann: „Die Genesis ist keineswegs so alt, wie man allgemein annimmt."

Die Bibel als Waffe

Der „Alte Fritz", Friedrich II. von Preußen, auch „der Große" genannt (1712–1786), hat durch seine Kriege Preußen zur Großmacht verholfen, war andererseits jedoch ein musischer Mensch, der u. a. zahlreiche Flötenkonzerte komponierte. Hinzu kam sein Witz, mit dem er seine Gesellschaft, aber auch politische Gegner verblüffte. Eines Tages beschwerte sich ein Gutsbesitzer bei ihm, er habe beobachtet, wie ein Pfarrer die Bibel nach einem Hasen geworfen und ihn doch tatsächlich erlegt habe. Dafür müsse der Geistliche bestraft werden, denn er habe sich der Wilderei und des Diebstahls schuldig gemacht. Darauf erließ der König ein Dekret, in dem es hieß: „Alles Wild, das ein Pfarrer mit seiner Bibel schießt, soll in Zukunft ihm gehören."

Das Meisterstück

Adolf von Harnack (1851–1930), der evangelische Theologe und Kirchenhistoriker, nahm an einer gesellschaftlichen Veranstaltung

teil, bei der heftig über die Gleichberechtigung der Geschlechter diskutiert wurde. Er gab seine Meinung wie folgt kund: „Es gibt nun mal so etwas wie ein Erstgeburtsrecht des Mannes, denn Adam wurde vor Eva erschaffen." Die Damen waren mit dieser Ansicht nicht einverstanden und widersprachen. Sie bekamen Schützenhilfe von dem Philosophen, Mediziner und Kunsthistoriker Max Dessoir (1867–1947). „Lieber Herr Kollege", erwiderte er, „man kann den Schöpfungsbericht auch anders interpretieren. Im Anfang herrschte Chaos. Gott, der Herr, aber hat die Erde zu immer größerer Vollkommenheit ausgebildet. Zuletzt entstanden die Tiere und zu allerletzt die Menschen. Adam war jedoch nur ein Probestück. Nachdem Gott ihn kritisch betrachtet hatte, wie er ausgefallen war, wagte er noch einen Schritt. Er vollendete sein Meisterstück – und bildete aus Adam Eva, die Frau."
Dessoir verbeugte sich vor den begeisterten Damen und hatte alle Gunst auf seiner Seite.

Kein Wunder

Der amerikanische Schriftsteller Mark Twain (1835–1910) bereiste einst das Heilige Land und ließ sich über den See Genezareth setzten. Der Schiffer verlangte zehn Dollar.
„Was, so viel?", entrüstete sich Twain. „Da ist es ja kein Wunder, dass der Herr Jesus zu Fuß über das Wasser gegangen ist."

Wer heult?

„In der Bibel ist mehrmals von Heulen und Zähneknirschen die Rede. Was will die Heilige Schrift uns damit sagen?"
„Heulen können nur die, die kein Gebiss mehr haben", meint Florian trocken.

Hölle mit Klimaanlage

An einem heißen Tag wird in einem Kino der Film „Die Zehn Gebote" gezeigt. „Der Film war ein großartiges Erlebnis. Doch ohne Klimaanlage wären die Zehn Gebote nicht zum Aushalten gewesen", sagt nach der Vorstellung Maria zu ihrem Verlobten Thomas. Der sagt lächelnd: „Jetzt stell dir vor, dass es in der Hölle auch heutzutage noch keine Klimaanlage gibt."

Der kleine Prophet

Die Geschichte von Jonas im Bauch des Fisches lässt die Klasse nicht zur Ruhe kommen. „Wie kann ein Walfisch einen Menschen verschlingen, da er doch einen kleinen Schlund hat?", möchte Damian wissen. „Weil Jonas nur ein kleiner Prophet war", weiß Lisa.

Gute Frage

Anni fällt in der Schule oft durch logische Antworten auf. Als die Geschichte vom reichen Jüngling behandelt wird, dem Jesus den Rat gab: „Wenn du vollkommen sein willst, gehe hin, verkaufe alles und gib es den Armen", antwortet sie: „Wenn die Armen alles erhalten – wie können sie dann vollkommen werden?"

Matthäi am Letzten

Ein Redner beschwor die Krise in der Kirche und sah ihren Untergang heraufziehen. „Bald", rief er aus, „ist es mit der Kirche und dem Christentum Matthäi am Letzten."

Zufällig war der Gesellenvater Adolf Kolping (1813–1865) anwesend. „Da muss ich Ihnen recht geben, Herr", rief er aus. „Denn bei Matthäi im letzten Vers heißt es nämlich: ‚Ich bin bei euch alle Tage, bis ans Ende der Welt.'"

Schächer Wahrlich

Über die Namen der Schächer am Kreuz neben Jesus sind verschiedene Namen im Umlauf. In manchen Überlieferungen heißen sie Titus und Dumachus. Lene wiederholt die Worte des sterbenden Jesus am Kreuz zu einem der beiden: „Wahrlich, wahrlich, ich sage dir, noch heute wirst du mit mir im Paradiese sein." Seither hieß dieser Schächer für Lene „Wahrlich".

Das richtige Buch

Ein Kunde betrat eine Buchhandlung und fragte: „Haben Sie das Buch ‚Die Welträtsel' des Philosophen und Freidenkers Ernst Häckel?"

„Ja natürlich. Soll ich es Ihnen aus dem Regal holen?"

„Warten Sie", bat der Kunde. „Haben Sie auch ein Buch, das Antworten auf die Rätsel gibt?"

„Aber gewiss doch, mein Herr", entgegnete der Buchhändler. Er ging an das nächste Regal und zog ein Buch hervor. Es war – die Bibel.

Nicht zu früh zur Arbeit

Das Gleichnis von den Arbeitern im Weinberg erhitzt die Gemüter der Schüler. Wieso bekamen sie, die unterschiedlich lang gearbeitet hatten, alle den gleichen Lohn? Der Lehrer versucht das Gleichnis zu erklären und fragt dann: „Was lehrt uns dieses Gleichnis?"

Die Antwort folgt wie aus der Pistole geschossen: „Man soll nicht zu früh zur Arbeit gehen."

Bei Jesus in der Lehre

Die Apostel haben auch nach der Himmelfahrt Jesu Wunder gewirkt.

„Wie war das nur möglich?", will die Lehrerin wissen.

„Sie sind doch bei Jesus in die Lehre gegangen", meint ein vorwitziger Junge.

Wie ein biblisches Ehepaar

Ein Ehepaar wollte sich seinen Lebenstraum erfüllen und endlich eine Palästinareise antreten. Die Ehefrau ging in ein Reisebüro und ließ sich eine Reiseroute empfehlen. „Wenn Sie sich einen Wagen mieten, können Sie die Strecke von Silo bis Bersabe mit dem Auto fahren", erklärte die Reisekauffrau. „Was Sie nicht sagen. Silo und Bersabe sind Orte? Ich dachte immer, es handle sich um ein biblisches Ehepaar wie Sodom und Gomorrha."

Rätselhafter Vers

An der baltischen Universität Dorpat lehrte einst der Internist Hermann Adolf Alexander Schmidt (1831–1894), der durch seine Forschung über die Verdickung des Blutes bekannt wurde. Er war wegen seiner strengen Prüfungen in den Examen gefürchtet.

Eines Tages stand am schwarzen Brett der Hinweis „Tim 4, 14/15a".

Professoren und Studenten forschten, was hinter dieser Notiz steckte und fanden das Zitat heraus: „Alexander, der Schmied, hat mir viel Böses angetan. Der Herr vergelte ihm nach seinen Werken. Vor dem hütet auch ihr euch."

Diesen Hinweis konnte nur ein durchgefallener Kandidat gegeben haben.

Scherflein der Witwe

Wie groß wird das Scherflein der armen Witwe gewesen sein?, fragten sich die Kinder im Religionsunterricht. Es kamen einige Schätzungen zustande. Schließlich meldete sich Steffen: „Es waren genau 12 Mark, 42 Pfennige."

„Woher weißt du das genau?", fragte die Lehrperson.

Steffen zeigte auf seine Schulbibel. Dort stand: „Das Scherflein der Witwe (Mark. 12,42.)"

Selig sind ...

Der Kirchenvorstand von St. Nikolai in Potsdam reichte beim König Friedrich II. von Preußen, dem „Alten Fritz" (1712–1786), ein Gesuch ein, er möge tausend Taler für die Erneuerung der Kirche spenden, da das Gotteshaus düster sei und einen neuen Anstrich benötige, und die Fenster wenig Licht durchließen. Zumindest die Fenster müssten ersetzt werden.

Der König wies das Gesuch mit Verweis auf Joh. XX, 29, ab. Dort lasen die Kirchenvorsteher: „Selig sind, die nicht sehen und doch glauben."

Die Wunder Jesu

Die Schülerinnen zählen auf, welche Wunder Jesus im Laufe seines Lebens gewirkt hat.

„Die Aussätzigen machte er rein."

„Die Blinden machte er sehend."

„Die Lahmen konnten wieder laufen."

Die Lehrerin fragt: „Was aber machte er mit den Tauben?" (Gemeint waren die tauben Menschen.)

Wie aus der Pistole kam die Antwort: „Die ließ er fliegen."

Er will mich fressen

Ein junger Mann sitzt übermüdet in der Straßenbahn und gähnt ungeniert, ohne die Hand vor den Mund zu halten. Ihm gegenüber sitzt ein Geistlicher. Nachdem der nun zum wiederholten Male unfreiwillig Einblick in den geöffneten Mund des jungen Mannes genommen hat, sagt er: „Tobias 6, Vers 3."

Der junge Mann sieht ihn überrascht an und fragt, was der Hinweis bedeute.

Lächelnd zitiert der Geistliche: „Dort steht: ‚O Herr, er will mich fressen.'"

Er soll dein Narr sein

Die „Narrenbibel" ist ein seltenes Exemplar in der Wolfenbütteler Bibliothek. Sie stammt aus einer Augsburger Druckerei und wurde im 16. Jahrhundert gedruckt. Dort stehen im 1. Buch Mose, Kap. 3,16 die Worte, die Gott zu Eva nach dem Sündenfall spricht. Doch hier heißt es nicht: Er soll dein Herr sein, sondern: Er soll dein Narr sein.

Zufällig soll dieser Druckfehler nicht entstanden sein, sondern es handelt sich um einen Streich, den die Frau des Druckers ihrem Mann spielte. Während einer Arbeitspause ihres unter dem Pantoffel stehenden Mannes entdeckte sie zufällig den richtigen Bibelsatz und änderte ihn heimlich ab. Aus „Herr" wurde „Narr". Erst als schon mehrere Exemplare im Umlauf waren, wurde der Fehler entdeckt.

Die Sintflut

Es regnet und regnet. Der Kurgast steht am Fenster seiner Pension und blickt in die trostlose Weite. Nein, bei diesem Wetter kann er keinen Spaziergang machen. Als er der in Eile befindlichen Wirtin auf dem Flur begegnet, sagt der Gast. „Bei diesem Wetter schickt man ja keinen Hund vor die Tür. Es herrscht ja eine wahre Sintflut."

„Was meinen Sie?"

„Eine wahre Sintflut. Wie bei Noah und den ungeheuren Überschwemmungen. Alles Leben kam damals um."

„Wie schrecklich! Wo ist das passiert? Vor lauter Arbeit bin ich in den letzten Tagen nicht dazu gekommen, Zeitung zu lesen."

Bibelfest

In Tübingen saßen ein Theologieprofessor und seine Studenten zum Semesterschluss in einem Weinlokal fröhlich beisammen. Nachdem sie schon einige Viertele getrunken hatten, fragte der Professor die hübsche Kellnerin, wie sie heiße.

„Rebekka", antwortete sie lachend.

„O, ein schöner Name. Und Sie, mein Fräulein, scheinen Ihrer Namenspatronin aus der Bibel aufs Haar zu gleichen. Sie kennen doch die Geschichte, oder?"

„Natürlich – Herr Eliezer! Ich bediene Sie gern und bin auch bereit, Ihre Herren – Kamele zu tränken."

Lieber ins Gefängnis

Nachdem der Religionslehrer die Geschichte von Joseph im Hause des Potiphar anschaulich geschildert hat, fragt er einen Schüler, welche Lehre Joseph aus der Begegnung gezogen habe.

Der antwortet spontan: „Joseph sagte sich: Ich brauche keine Frau. Lieber gehe ich ins Gefängnis."

Ein Loch im Orient

Nachdem Joseph von seinen Brüdern in eine Zisterne geworfen worden war, ging es ihm zunächst schlecht. Seine Brüder wollten ihn verkaufen.

„Wisst ihr, was eine Zisterne ist?", fragt der Lehrer die Klasse. Großes Schweigen ist die Antwort.

„Also Zisternen nennt man im Orient die tiefen Brunnen oder Löcher, in denen das Regenwasser gesammelt wird. Es regnet dort nämlich nicht oft. Aus diesen Brunnen und Löchern schöpfen die Menschen das Wasser für ihren täglichen Bedarf."

Als der Lehrer später nachfragt, was eine Zisterne sei, antwortet Johanna: „Eine Zisterne ist ein Loch im Orient."

Bibellektüre

Großmutter ist beim Lesen etwas eingeschränkt, und so lässt sie die Enkelin ein Stück aus der Bibel vortragen. In der Schöpfungsgeschichte heißt es: „Gott ließ einen tiefen Schlaf über Adam kommen, nahm eine von seinen Rippen und bildete daraus ein Weib."

Die Enkelin blättert um, merkt aber nicht, dass sie eine Seite überschlägt und die Geschichte von der Arche Noah erwischt. Sie liest weiter: „Er verklebte sie mit Pech innen und außen. Sie war 300 Ellen lang, 50 Ellen breit und 30 Ellen hoch …"

Da schüttelte die Großmutter missbilligend den Kopf und suchte ihre Brille.

Das Wunder zu Kana

In der Religionsstunde wird das Wunder von Kana durchgenommen. Die Lehrerin fragt, warum bei der Hochzeit von Kana wohl der Wein ausging. Da meint der kleine Julius: „Weil Jesus seine Jünger mitgebracht hat."

Die Hochzeitsgäste in Kana waren sehr erfreut über das Weinwunder, das Jesus vor ihren Augen gewirkt hatte.

„Was meint ihr", fragt der Religionslehrer die Klasse, „was die Menschen wohl gedacht haben, als sie dieses Wunder Jesu miterlebten?" Eric meldet sich sofort: „Sie haben gedacht, diesen Jesus laden wir auch mal ein."

... *und erlöse uns*
von der Trübsal –
heiter beten

Mal richtig „reinhauen"

Der Theologieprofessor Johannes Kvačala, ursprünglich aus Ungarn stammend, war mit seinem Fakultätskollegen Johann Christoph Wilhelm Volck einmal zu einem Essen eingeladen. Kvačala aß gern und machte auch jetzt keinen Hehl daraus, dass er sich auf die Speisen freute. „Kollege, ich habe einen hervorragenden Appetit. Ich werde dreinschlagen wie Simson unter die Philister." Worauf Volck schmunzelnd erwiderte: „Aber Sie nehmen nicht dasselbe Instrument?" – Bekanntlich schlug Simson mit dem Kinnbacken eines Esels auf die Philister ein.

Prof. Volck war selbst ein Genießer der Gaben. Als er vor einer herrlich angerichteten Festtafel stand, bemerkte er zu seinem Nebenmann: „Man ist wirklich versucht zu beten: Unser heutiges Brot gib uns täglich."

Erhalte das Mahl

Einmal geriet Karl II. in Geldschwierigkeiten und entschloss sich, Sparmaßnahmen durchzuführen. Dazu gehörte auch die Anordnung, dass der Hofkaplan nicht mehr an der königlichen Tafel speisen dürfe, sondern selbst für seine Mahlzeiten aufkommen müsse. Der Kaplan war es jedoch gewöhnt, jeden Tag das Tischgebet zu sprechen, das lautete: „Gott, erhalte den König und segne dieses Mahl!" Als er dieses Gebet am letzten Tag an der Tafel des Königs wieder verrichten wollte, versprach er sich und betete: „Gott, segne den König und erhalte das Mahl!" Der König musste lächeln. Die Sparvorschriften hob er sofort auf.

Drei Gebote

Als Oliver Cromwell (1599–1658), Lordprotektor von England, Schottland und Irland, seine Macht festigte, achtete er darauf, dass die Sonntage Ruhetage waren und dass die strengen Gesetze des puritanischen Staates auch zur Geltung kamen. Dem widersprach nun ganz Karl II. Der König ließ sogar von den Kanzeln herab verlesen, die Leute sollten am Sonntag nur recht lustig sein. In St. Paul in London trug der Prediger diesen königlichen Erlass vor und ergänzte: „Das ist der Wille des Königs!" Dann fügte er das dritte Gebot an und rief: „Und das ist der Wille Gottes. Nun wählt!"

Vertraut der Kraft des Gebetes

Es war ein heißer Sommer. Das Korn auf den Feldern drohte zu verdorren. Der Ortspfarrer rief die Gemeinde zu einem besonderen Bittgottesdienst um Regen auf. Viele strömten in die Kirche. Unmittelbar neben dem Gotteshaus befand sich ein Gemischtwarengeschäft. Als die Gottesdienstbesucher aus der Kirche kamen, lasen sie auf einem großen Schild: „Leute, kauft Regenschirme. Vertraut der Kraft eures Gebetes."

Mach's wie er

Leon zählt beim Abendgebet Eltern, Freunde und Verwandte auf, die Gott in dieser Nacht beschützen möge.
Als auch seine Schwester Lisa betet, sagt sie: „Lieber Gott, mach's so, wie Leon es schon gesagt hat."

Familienangelegenheit

Anna war nicht artig. Beim Abendgebet fragt die Mutter: „Meinst du nicht, Anna, du müsstest dem lieben Gott sagen, was vorgefallen ist?"
„Ach nein", meint Anna, „es ist wohl besser, es bleibt in der Familie."

Oma betet Geheimnisse

„Ich weiß jetzt, warum Oma den Rosenkranz immer so leise betet", sagt Tim eines Tages zu seiner Mutter.
„Und warum, Junge?"
„Sie betet immer Geheimnisse."

Wenn die Haare fehlen

„Wenn du heute Abend meine Haare zählst", betet Christoph, „wundere dich nicht, dass welche fehlen. Mein Bruder hat mir heute welche ausgerissen."

Kinderwunsch

Bei Tisch betet Lisa: „Komm, Herr Jesus, sei unser Gast, und segne, was Mama uns bescheret hat." Und ihr Bruder Levin betete einmal: „Lass deine Gabel (statt Gaben) uns wohlgedeihen, wir wollen immer dir dankbar sein." Und später sagte er beim Nachtischgebet: „Du gabst, und wirst auch fünfzig (statt künftig) geben, dich preise unser ganzes Leben."

Geht dich nichts an

Jeden Abend betet die Mutter mit ihren Kindern vor dem Schlafengehen ein Nachtgebet. Karl betet: „Hab' ich Unrecht heut getan, geht's dich, lieber Gott nicht an."

Gebet

Ein Pfarrer macht Urlaub in Bayern. Da entdeckt er am Wegrand ein Schild mit folgender Aufschrift:

„Hier ruhen unter Fels und Eis
a toter Bayer und a Preiß.
Bet' für den Bayern, Wandersmann,
der Preiß' geht dich einen Feuchtdreck an.
Doch wenn du betst, so bete leis,
sonst steht er wieder auf, der Preiß'."

„Hier hilft nur Mist"

Bei der Bittprozession zog der Pfarrer mit den Gläubigen durch die Feldflur. Vor jedem Acker blieb er stehen, segnete das Feld und betete. Schließlich kam er auch zum Acker eines arbeitsscheuen und faulen Bauern. Die Prozession hielt kurz an, aber anstatt das brachliegende Gelände zu segnen, sagte der Geistliche: „Hier hilft kein Beten, hier hilft nur Mist."

Das Tischgebet

Die Familie isst in einem Restaurant. Es sind noch mehrere Personen anwesend. Als die Suppe aufgetragen wird, will Samuel beten. Doch sein älterer Bruder Luca hält ihn zurück mit den Worten: „Heute ist es nicht nötig. Papa bezahlt ja."

Kinder-Lose

Auf der Kirmes hat Amelie ein Kinderlos gezogen. Der Gewinn wird jedoch erst am dritten Kirmestag ermittelt. „Jetzt musst du schön beten, damit du auch gewinnst", empfiehlt die Mutter.
Abends findet sie ihre Tochter mit aufgeschlagenem Gebetbuch im Bett.
„Mutti, ich glaube, ich habe ein passendes Gebet gefunden."
„So?"
„Ja, hier. Hier steht ein Gebet für Kinderlose."

Tücken des Alltags

Gerecht verteilt

Sebastian Sailer (1714–1777), ein Prämonstratenser-Chorherr, Prediger und schwäbischer Mundartdichter des Barock, wurde einmal von einem Bauern angesprochen: „Stimmt es, Herr Pfarrer, dass Gott jedem Menschen pro Tag eine Maß Wein zugedacht hat? Warum bekomme ich diesen Wein dann nicht, und weiß auch nicht, wer ihn trinkt?"

Sailer überlegte nicht lange. „Was mich betrifft, so habe ich gehört, dass Gott jedem Mann eine Frau zugedacht hat. Ich habe aber trotzdem keine. Also hast du meine Frau und ich trinke deinen Wein."

Der zerstreute Professor

August Neander (1789–1850) war evangelischer Theologe und Kirchenhistoriker. Ursprünglich stammte er aus einer jüdischen Familie, bekam in Hamburg Kontakt mit einer neupietistischen Gemeinde, las die Schriften von Friedrich Schleiermacher und ließ sich 1806 taufen. Er muss oftmals zerstreut gewesen sein, denn als er 1813 nach Berlin kam, bat er einen Bekannten, ihm eine Wohnung in unmittelbarer Nähe zur Universität zu suchen. Der Professor war mit dem Ergebnis zufrieden. Da noch etwas Zeit bis zu einem Treffen mit einem Kollegen blieb, bot sich der Bekannte an, ihm ein Stück vom Herzen Berlins zu zeigen. Nach einer halben Stunde war der Rundgang beendet. Eine Woche später trafen sich beide wieder und der Bekannte fragte, wie es ihm in Berlin gefalle.

„Ausgezeichnet", erwiderte Neander, „nur die Wohnung liegt doch etwas weit weg von der Universität."

„Das kann aber doch nicht sein", rief der Bekannte, „es sind doch höchstens fünf Minuten." „Nein, nein", widersprach der Professor, „ich brauche eine halbe Stunde."

„Auf welchem Weg gehen Sie denn, Herr Professor?"

„Nun, ich gehe den Weg, den Sie mich neulich geführt haben." –
Es war der Rundweg durch das Herz Berlins.

Geld zurück

Thomas More hatte als Staatskanzler Heinrichs VIII (1491–1547)
einem Kollegen im Ministeramt eine größere Summe Geldes
geliehen, die zum Jahreswechsel fällig war. Doch die Zeit ver-
strich, und die Schuld wurde nicht beglichen. Monate gingen
ins Land. Die Fastenzeit wurde in England sehr streng gehalten.
In der Kirche stimmte der Chor täglich ein feierliches „Memento
morieris" an: Gedenke, dass du sterblich bist, dass du sterben
musst. Der Lordkanzler schrieb seinem Schuldner einen Brief,
in dem es hieß: „Memento mori aeris" – Denke an das Geld
des Morus.

Gut beobachtet

In der Zeit, als man noch streng darauf achtete, dass junge Menschen auf Reisen getrennt schliefen und nur Ehepaare ein Doppelzimmer beziehen konnten, kam ein Pärchen ins Gasthaus in
Südtirol. Damals war es noch gelegentlich üblich, dass der Pfarrer neben seiner Arbeit in der Seelsorge auch eine Gastwirtschaft
führte, um seinen Lebensunterhalt etwas aufzufrischen. Denn
viele seiner Schäfchen traf er eher am Schanktisch als in der Kirche. Als nun wieder einmal ein Paar um Übernachtung bat und
ein Doppelzimmer verlangte, war der Pfarrhaushälterin nicht klar,
ob die beiden verheiratet waren oder nicht.
„Was gibt es heute zu essen?", erkundigte sich der Pfarrer.
„Da heute Freitag ist, Forelle und Salzkartoffeln."
„Gut, wenn du ihnen die Speisen aufträgst, sag mir Bescheid."
Als die Schüsseln auf dem Tisch standen, beobachtete der Pfarrer, wie sich der Mann zuerst den Teller füllte. Darauf sagte er zu

seiner Haushälterin: „Du kannst ihnen das Doppelzimmer geben. Sie sind schon lange verheiratet."

Krawatten als Geschirr

Nuntius Roncalli stammte bekanntlich aus einer einfachen, aber frommen Bauernfamilie. Eines Tages erhielt er den Besuch zweier Brüder. Am nächsten Morgen wartete der Nuntius vergeblich auf das Erscheinen der beiden zum Frühstück. Als er schließlich nachsah, sah er die Brüder vor dem Spiegel stehen, wo sie sich vergeblich bemühten, die Krawatten zu binden.

„Entschuldige, aber wir werden mit den Dingern nicht fertig", erklärten sie.

„Wer hat euch denn gestern das Geschirr angelegt?", fragte Roncalli.

„Zu Hause ist das kein Problem. Wir haben ja unsere Frauen."

Der Nuntius konnte das Lachen nicht unterdrücken. „Jetzt weiß ich endlich, warum wir Geistlichen keine Krawatten tragen", schmunzelte er.

Logisch

„Wer anderen einen Schaden zugefügt hat, soll ihn nach Möglichkeit ersetzen", erklärt der Pfarrer den Schülern. „Habt ihr das verstanden?" Alle bis auf Joachim nicken. „Nun, was hältst du von dem, was ich gesagt habe?", möchte der Geistliche wissen. „Wenn ich einen Apfel vom Baum des Nachbarn gepflückt habe, kann ich ihn doch nicht herauswürgen und in den Garten spucken, oder?", lautete die Antwort.

Spanische Winde

Der Bischof hatte seine Visitation angekündigt. Er wollte die Pfarrei in Augenschein nehmen, zugleich auch mit den Vertretern der Gemeinde sprechen und ihre Nöte und Sorgen anhören. Die Pfarrhaushälterin fragte den Pfarrer, welchen Nachtisch sie den hohen Herrn wohl kredenzen dürfte.

„Oh, da wüsste ich Rat. Der Bischof verreist im Urlaub gern nach Spanien. Dort kennt er ein Benediktinerinnenkloster, in dem er sich gern aufhält. Machen Sie ihm die Freude und backen Sie ‚Spanische Winde'."

„Spanische Winde?" Davon hatte die Haushälterin noch nie etwas gehört. Sie schlug in ihren Kochbüchern nach und fand tatsächlich das Rezept für das herrliche Gebäck, dessen Zutaten aus Eiweiß, Zucker, Vanillezucker und einer Prise Salz bestand. Alle anderen Hilfsmittel wie Backblech, Spritzbeutel mit Tülle, Küchenmaschine mit Rührbesen befanden sich im Haus. Um den Bischof mit seiner Lieblingsspeise reichlich zu bedienen, füllte sie ein großes Blech mit dem Teig und ließ ihn in der Bäckerei backen. Gegen Mittag schickte die Haushälterin einen Jungen aus der Nachbarschaft los um die „Spanischen Winde" abzuholen. Der Junge fuhr mit einer Schubkarre vor der Bäckerei vor.

„Warum kommst du denn mit der Schubkarre?", fragte die Bäckersfrau irritiert.

„Ja, ich weiß doch net, ob ich die spanischen Wände auf einmal transportieren kann oder zweimal fahren muss", lautete die Antwort

Reicht nicht

Die Tante eines Seminaristen, der jüngst ins Priesterseminar eingetreten war, hielt nicht viel von Überweisungen oder Schecks, mit denen sie ihrem Neffen finanziell unter die Arme greifen wollte. So schickte sie ihm von Zeit zu Zeit einen Brief und tat mal einen Zwanzig- oder auch mal einen Fünfzigmarkschein hinein. Das ging eine ganze Weile gut und die Briefe fanden einen dankbaren Abnehmer. Der Seminarist versprach, als Priester regelmäßig für das Seelenheil der Tante eine hl. Messe zu feiern und auf diese Weise ihre Großzügigkeit zu vergelten. Erfreut über diese Aussicht schickte die Tante ihrem Neffen bald wieder einen Brief und tat diesmal einen Hundertmarkschein hinein. Da ihr Schreiben mit ihrer Danksagung diesmal umfangreicher ausgefallen war, vergaß sie, die Sendung ausreichend zu frankieren. Und so schickte die Post den Brief mit der Bemerkung „Reicht nicht" an die Absenderin zurück und forderte eine Nachgebühr.

„Wieso reichen die hundert Mark nicht?", fragte sich die Tante. „Was geht denn die Post an, was ich meinem Neffen schicke? Das ist eine Verletzung des Briefgeheimnisses."

Und sie ging ins Postamt, klopfte mit dem Schirm auf den Schaltertisch und beschwerte sich mit deftigen Worten.

Es ist noch dunkel

Zwei Brüder einer Ordensgemeinschaft waren auf Bettelreise. Sie hatten tagelang in den Dörfern Haus für Haus abgeklappert und milde Gaben für ein Waisenhaus gesammelt. Am Ende der Woche waren sie hundemüde. In dem Dorf, in dem sie übernachten wollten, war im Wirtshaus kein Zimmer mehr frei, denn am folgenden Tag sollte im Ort das Kirmestreiben beginnen. Die Brüder machten offenbar ein so trauriges Gesicht, dass der Wirt schließlich einlenkte und sagte: „Ich hab' noch ein Stüberl, aber es ist ohne Fenster." Die Brüder, die sich kaum noch auf den Beinen halten konnten, waren mit der Unterkunft zufrieden. Bevor sie zu Bett gingen, belohnten sie sich selbst und genehmigten sich noch einen Schoppen Wein. Oder waren es zwei? Jedenfalls wollten sie anderntags frühmorgens zeitig aus den Federn. Der Wirt bot sich an, sie rechtzeitig zu wecken, doch die beiden lehnten ab. Sie seien es gewohnt, früh wach zu werden. Er solle sich lieber um seine Kirmesgäste kümmern.

Am nächsten Morgen weckte der eine Bruder den anderen.

„Mir müsse ufstohn!"

„'s ist ja noch ganz dunkel", erwiderte der andere. Da beide wieder die Schlaflust überfiel, legten sie sich auf die Seite und schliefen weiter. Nach einer Weile rief der andere: „Mir misse uf. Isch Zit."

„Mei, was solle mer ufstehen in der finstere Nacht", knurrte der andere. Und sie schliefen weiter.

Nach einer Weile wurde der andere Bruder wieder wach. Es war noch immer dunkel. „Nu, dann steh' doch uf und schau dem Fenster 'naus", riet der andere. Ein Fenster war nicht da, aber die Tür. Der Bruder öffnete die Tür, aber nur Dunkelheit gähnte ihm entgegen.

„Am End' ist 's bloß hier so dunkel", meinte er.

Nachdem sie nochmals in Schlaf gefallen waren, klopfte es plötzlich an die Tür. Als sie öffneten, stand der Wirt im Türrahmen und hinter ihm schickte die Sonne ihr Licht in die Kammer.

„'s isch elfe", rief er, „wollte Se nich früh ufstohn'?"

„Ja, mei, i han doch ebe noch d' Tür ufgemacht. Es war ganz dunkel."

Wie sich herausstellte, hatte der Bruder nicht zur Tür hinausgeschaut, sondern die Schranktür erwischt. Da konnten sie lange warten, bis es darinnen hell wurde.

Falschgeld

In einigen Gegenden Deutschlands war es einst üblich, in den Schuh, der zur Bescherung vor die Tür gestellt wurde, auch ein kleines Geldstück zu legen, als „Wegzehrung" für den frommen Mann. Benjamin legte eine alte 20-Pfennig-Münze hinein. Der Vater, der alles beobachtet hatte, stellte seinen Sprössling zur Rede. Benjamin erwiderte sachkundig: „Im Himmel gibt es keine Zeit. Also wird St. Nikolaus mit dem Geld aus früheren Tagen durchaus etwas anfangen können."

Logische Erklärung

„In früheren Zeiten hielten die Menschen oft ‚Vigilien', Nachtwachen. Warum haben sie das ausgerechnet vor Weihnachten wohl getan?", werden die Kinder in der Schule gefragt.
„Sie haben aufgepasst, dass die Kinder nicht heimlich nach den Geschenken schauten", lautete die Antwort.

Löblich

Eines Nachmittags klingelt es an der Haustür des Pfarrhauses.
„Entschuldigen Sie bitte, ich sammle für eine arme Familie. Sie kann die Miete schon drei Monate nicht bezahlen, der Mann ist ein Trinker, die Frau krank, und die Kinder, die in schäbigen Kleidern herumlaufen, brauchen ihr täglich Brot. Ob Sie so freundlich wären, mir 10 Euro zu geben?"
„Ach, wie schön, dass sich jemand um die Nöte seiner Mitmenschen kümmert", lobt die Gemeindeschwester. „Aber wer sind Sie überhaupt?"
„Ich bin der Vermieter."

Kein Sitzplatz

Bauer Stubenrauch ist kein eifriger Kirchgänger. Aber an Weihnachten macht er sich alljährlich auf, um die Christmette zu besuchen. Sie erinnert ihn an schöne Erlebnisse in der Kindheit. Als er nach dem Besuch des Gottesdienstes nach Hause kommt, ruft er empört: „Was für unhöfliche Menschen! Einmal im Jahr geht man zur Kirche, und die Leute, die jeden Sonntag auf ihrem Hintern hocken, bieten einem keinen Sitzplatz an!"

Gibt es hier Nachtclubs?

Ein würdevoller Patriarch aus dem Orient verließ in New York das Schiff. Er wurde von Reportern umdrängt, die allerlei unsinnige Fragen stellten. Einer erkundigte sich: „Werden Sie in New York auch einen Nachtklub aufsuchen?"

„Wieso? Gibt es hier denn Nachtklubs?", fragt der Patriarch erstaunt.

Später stand folgende Überschrift über einem Artikel in einem Boulevardblatt: „Erste Frage des Patriarchen: Gibt es Nachtklubs in New York?"

Fragwürdige Tendenz

Ein Pfarrer hatte eine belesene Haushälterin. Sie las gern Romane. Als der Pfarrer einmal ein Buch in ihren Händen sah, dass nach seiner Meinung von fragwürdigem Ruf war, warnte er: „Ein solches Buch lesen Sie? Wissen Sie nicht, dass es von fragwürdiger Tendenz ist?"

„Ach was, Herr Pfarrer", gab die Hauswirtschafterin zurück, „die Tendenz lese ich ja nicht mit."

Umständlich

Amit ist unterwegs und schreibt seiner Frau einen Brief.

„Liebe Bathia, ich will dir sagen, es geht mir gut. Ich hoffe, du kannst dasselbe mit Gottes Beistand auch von dir behaupten. Ich habe einen Wunsch, den du mir bitte erfüllen mögest. Ich bin, wie du weißt, derzeit in Kiew in dem dir und mir bekannten Hotel. Ich benötige dringend ein Paar Schuhe, denn die alten sind abgelaufen. Ich bitte dich also, schick mir deine Schuhe. Du wirst sicher verwundert fragen, warum ich ‚deine Schuhe' und nicht ‚meine Schuhe' schreibe. Wenn ich dich bäte: ‚Schick mir meine Schuhe', so würdest du lesen ‚meine Schuhe' und folgern, dass ich dich um deine Schuhe bitten würde. Das tue ich aber nicht, sondern ich bitte dich um meine Schuhe. Deshalb schreibe ich dir ‚deine Schuhe', und du wirst ‚deine Schuhe' lesen und verstehen, dass ich meine und nicht deine Schuhe benötige. Ich bitte dich also: Schick mir deine Schuhe."

Kein Platz

Die Plätze im Pfarr-Kindergarten sind rar. Jeden Morgen begleitet Marcel seinen älteren Bruder Paul dorthin, muss aber an der Hand der Mutter wieder heimgehen. „Warum kann ich nicht dort bleiben?", fragt er schließlich. Die Mutter: „Sie haben noch keinen Platz für dich." Darauf Marcel: „Dann bleibe ich eben stehen."

„Verdammte Sch…"

Sophie geht mit ihrer Mutter zum Gottesdienst. Sie übersieht einen Hundehaufen auf dem Kirchplatz und tritt hinein. „Verdammte Sch…"
„Was höre ich da!", rügt die Mutter.
„Mama, ich bin gerade in ein unanständiges Wort getreten", antwortet Sophie.

Bier als Buße

Die Bayern lieben das Bier mehr als den Wein. So jedenfalls hieß es vor Jahrhunderten, als ein Münchner Domherr in Rom hinterlistig den Antrag stellte, es möge in der Fastenzeit der Genuss des Bieres verboten werden. Der Verzicht auf bayrisches Bier bedeute den Bayern sicher mehr als der Verzicht auf Fleisch und Würste. Die Vatikanischen Behörden wollten sich von dem Genuss des Getränks lieber selbst überzeugen und ließen ein Fass Bier kommen. Da sie eher dem Wein zugeneigt waren, wollte ihnen das Hopfengebräu nicht munden. Ein Kardinal machte daher den Vorschlag: „In poenitentiam bibant. – Sie sollen es zur Buße trinken."

Heitere
Heilige

Der kleine Albert

Albertus Magnus (1193–1280) war ein berühmter mittelalterlicher Theologe und Gelehrter an den Universitäten Köln und Paris. Körperlich muss er wohl nicht groß und eher unauffällig gewesen sein. Der Papst forderte ihn einmal bei einer Audienz vergeblich auf, sich doch endlich zu erheben und nicht knien zu bleiben. Albertus Magnus stand jedoch vor dem Papst und sagte: „Eure Heiligkeit wird doch nicht gegen den Willen des Schöpfers verstoßen wollen?"

Albert der Große hatte wegen seiner geringen Körpergröße oft unter dem Spott seiner Mitmenschen zu leiden. So auch bei einer akademischen Feierstunde in Köln, wo er erleben musste, wie manche ihn aus der Ecke anstarrten oder gar belächelten. In seiner ruhigen Art näherte er sich ihnen und sagte freundlich: „Unser Herrgott hat, was die Größe von uns Menschen betrifft, nun mal verschiedene Maße angewendet. So sind einige Menschen klein ausgefallen, andere groß. Einige aber sind bedauerlicherweise völlig maßlos geblieben."

Der Kopf als Streitobjekt

Sir Thomas More (1478–1535), hochgeschätzter Lordkanzler Heinrichs VIII., katholischer Heiliger und Märtyrer, fiel in Ungnade, weil er die Scheidungs-, bzw. Heiratsabsichten des englischen Königs nicht guthieß. Als er als Häftling im Tower lebte, ließ er sich das Haupt- und Backenhaar nicht scheren. Den Friseur verschmähte er mit den Worten: „Mein Kopf ist zurzeit Streitobjekt zwischen dem König und mir. Deshalb möchte ich darauf vorerst keine Unkosten übernehmen." Als er später den Kopf auf den Richtblock legen musste, streifte er den Bart vorsichtig beiseite und empfahl dem Henker, ihn zu schonen, er habe mit dem angeblichen Hochverrat nichts zu tun.

Die gestohlenen Opferherzen

Als aus einer schlesischen Kirche mehrere Opferherzen, die der Mutter Gottes gespendet worden waren, verschwanden, geriet ein preußischer Soldat in Verdacht. Man forschte und fand tatsächlich zwei der Herzen bei ihm. Er leugnete jedoch, sie gestohlen zu haben, behauptete vielmehr, die Muttergottes habe ihm die Herzen zur Nachtzeit geschenkt, um ihm in seiner Armut zu helfen. Das eiligst einberufene Kriegsgericht verhängte eine strenge Strafe über den Soldaten, doch musste es vom König gegengezeichnet werden. Der „Alte Fritz" ließ einige katholische Theologen befragen, ob nach ihrer und der Kirche Meinung die Behauptungen des Soldaten stimmen könnten. Worauf die Theologen erklärten, solche wunderhaften Vorgänge seien zwar höchst selten, doch auch nicht ganz von der Hand zu weisen. Darauf schrieb der König unter das Urteil: „Der vorgebliche Übertäter wird von der Strafe befreit, zumal er den Diebstahl leugnet und nach den Erklärungen der Theologen seiner Kirche ein solches Wunderwerk nicht unmöglich ist. Allein für die Zukunft verbiete ich ihm bei harter Strafe, weder von der Heiligen Jungfrau noch von sonst einem Heiligen je etwas anzunehmen."

Das Bett als Fegefeuer

Der heilige Philipp Neri (1515–1595) ging als der „fröhliche Heilige" in die Kirchengeschichte ein. In seiner Kindheit lebte er in einem klösterlichen Internat, kam aber immer zu spät zu den Lernstunden. Er schlief nämlich lang und verpasste den Weckruf. Einmal sagte ein Erzieher zu ihm: „Höre, Philipp, versuche doch einmal dir vorzustellen, du lägest beim morgendlichen Läuten im Fegefeuer und der Herrgott selbst rufe dich heraus. Das wäre doch ein Zeichen aufzuspringen, oder?"

Am nächsten Morgen stand Philipp Neri noch später als gewöhnlich auf. Der Pater rief ihn schließlich unwillig zu sich: „Haben meine Ermahnungen so wenig gefruchtet?"

„O nein", erwiderte der Junge, „ich habe Euren Rat nicht vergessen. Als die Glocke ertönte, stellte ich mir vor, ich sei im Fegefeuer. Da fiel mir ein: Du hast so viele Dummheiten gemacht, dass du die Strafe noch etwas länger ertragen musst. Ja, und deshalb blieb ich noch eine Weile im Bett liegen."

Die „unheilige" Schwester

Eine bestimmte Schwester in einem unweit von Rom gelegenen Kloster stand im Ruf der Heiligkeit. Viele Wunder wurden ihr nachgesagt und waren dem Papst zu Ohren gekommen. Also beauftragte er Philipp Neri, er möge doch bitte prüfen, ob die Heiligkeit der Schwester echt sei. Der Heilige machte sich auf den Weg. Er ritt auf einem Esel durch die vom Regen aufgeweichte Campagna und kam in später Abendstunde am Kloster an. Die Äbtissin hieß ihn willkommen und bald kam die Rede auf die besagte Nonne. Philipp Neri erhielt in höchsten Tönen ausführlich Auskunft. Am Ende der Unterredung bat er die Oberin, ihn der Nonne doch bitte vorzustellen. Seinem Wunsch wurde sogleich entsprochen und als die Schwester vor ihm stand, forderte er sie als erstes auf, ihm die nassen Schuhe auszuziehen. Als habe sie einen unerhörten Antrag erhalten, wich die Ordensfrau betreten zurück und wies das Ansinnen von sich. Philipp Neri aber bedachte, dass der erste Schritt zur Heiligkeit die Demut sei, die die Schwester offensichtlich vermissen ließ, und verabschiedete sich noch zur selben Stunde. Der Papst wunderte sich, dass sein Bote so schnell zurück war. „Keine Spur von Heiligkeit", lautete das strenge Urteil Philipp Neris. „Es fehlt ihr die Demut." Die nassen Stiefel musste sich der Heilige in dieser Naht wohl selbst ausziehen ...

Die zerstreute Bernadette

Die Seherin Bernadette von Lourdes (1844–1879) war nach Abschluss der Marienerscheinungen im Jahre 1866 in ein Kloster der Barmherzigen Schwestern in Nevers eingetreten. Eines Tages ertappte eine Schwester sie, wie sie vor der Statue des hl. Josef betete. Die Schwester tadelte sie und meinte: „Sie sind ja ganz zerstreut." Worauf Bernadette antwortete: „Das macht doch nichts. Die beiden sind ein Herz und eine Seele, und im Himmel gibt es ohnehin keine Eifersucht." – Einmal musste Bernadette einer Kranken Augentropfen verabreichen. Die Kranke begann zu weinen, weil die Tropfen schmerzten. Worauf Bernadette lachend sagte: „Ich gebe Ihnen einen Tropfen – und Sie geben mir so viele zurück."

Kein Domherr

Der hl. Pfarrer von Ars, Jean-Marie Vianney (1786–1859), dem das Lernen nicht leicht fiel und dem es schwer wurde, die Stationen bis zur Priesterweihe zu durchlaufen, wurde ein einfühlsamer und verständnisvoller Seelsorger. Einmal wollte der Bischof seine priesterlichen Erfolge durch die Ernennung zum Domherrn lohnen und schickte ihm einen kostbaren Umhang. Der Pfarrer von Ars lehnte die Auszeichnung jedoch ab, verkaufte den Umhang und gab den Erlös den Armen seiner Pfarrei. Dann schrieb er seinem Bischof, er möge Verständnis haben und ihm einen neuen Umhang schicken, den er für die Armen verkaufen könne. Da verstand der Bischof, was der Pfarrer ihm mitteilen wollte, und er schickte ihm kein weiteres Kleidungsstück. Der Pfarrer von Ars wurde also auch kein Domherr. – Ein Mitbruder des Pfarrers von Ars, dessen Körperfülle beträchtlich war, bat einmal: „Wenn es zum Sterben kommt, möchte ich mich an Ihrem Talar festhalten dürfen und mit Ihnen in den Himmel kommen." Worauf Jean-Marie Vianney meinte: „Besser nicht. Die Himmelspforte ist so eng, dass wir zu zweit steckenbleiben würden."

Schlagkräftige Teresa

Teresa von Ávila (1515–1582), die große spanische Heilige und Kirchenlehrerin, befand sich einmal auf einer Reise. Es ging ihr schlecht. Da blickte sie zum Himmel auf und meinte: „Kein Wunder, o Herr, dass du so wenige Freunde hast – so, wie du mich behandelst." – Einmal wurde sie getadelt, weil sie sich die Trauben schmecken ließ. Sie erwiderte trocken: „Ich glaube nicht, dass Gott etwas so Gutes wie Trauben nur für die Sünder hat wachsen lassen." – Einmal bat Teresa ein einflussreicher Mann um ein Gefallen. Der stimmte gern zu, wenn er die Nonne einmal auf die Wange küssen dürfe. Worauf die Heilige meinte: „So billig habe ich noch nie etwas bekommen, und das ohne Lachen."

Was tun?

Franz von Sales (1567–1622), Fürstbischof von Genf, Ordensgründer, Mystiker, Kirchenlehrer, wurde einmal gefragt: „Was würden Sie tun, wenn ich Sie auf die rechte Wange schlage?" Lächelnd erwiderte der Bischof: „Ich weiß, mein Freund, was ich tun sollte, aber nicht, was ich tun würde."

Einmal wurde Franz von Sales gefragt, ob Schminken erlaubt sei. Der Heilige dachte einen Augenblick nach und sagte dann: „Es gibt fromme Leute, die das Schminken ablehnen, andere sind dafür. Schlagen Sie doch einen Mittelweg ein und schminken Sie nur eine Wange."

Ein Scheinheiliger

„Was ist ein Scheinheiliger?"

„Ein Mensch mit einem Heiligenschein."

Der Heiligenschein wird zu eng

Ein frommer Mann ging zum Arzt, weil er ständig unter Kopfschmerzen litt. Der Patient erläuterte seinen Zustand: „Herr Doktor, ich rauche nicht, ich trinke keinen Alkohol, lebe streng vegetarisch und enthalte mich aller Fleischeslust, und doch habe ich diese ständige Migräne. Es ist, als läge ein eiserner Ring um meinen Kopf."

Der Arzt machte ein bedenkliches Gesicht und erwiderte. „In der Tat, es ist der Heiligenschein, der Ihnen zu eng wird."

Tierischer Humor

Hoch zu Ross

Prämonstratenser-Chorherr Sebastian Sailer nutzte, wie viele seiner Landsleute, ein Pferd, um seiner Seelsorgearbeit in entfernten Gemeinden nachzukommen. Dem Schultheiß war das ein Dorn im Auge. Als der Pfarrer wieder einmal ausritt, trat ihm der Bürgermeister entgegen. „Nun, Herr Prediger, als Christus in Jerusalem einritt, da saß er auf einem armseligen Eselchen. Ihr aber sitzt stolz zu Ross, wie ist das möglich?"

„Nun, Herr Bürgermeister, das will ich erklären. Seit Jesu Zeiten hat sich ein gewaltiger Wandel vollzogen. Die Esel werden seit dem Einzug unseres Herrn in Jerusalem so hoch geschätzt, dass man sie alle zu Schulzen gemacht hat. Da nun also kein Esel mehr frei ist, muss ich wohl oder übel ein Pferd nehmen."

Konsequente Folge

Eine neue Haushälterin trat bei einem Pfarrer in Münster ihren Dienst an. Da sie sorgsam zu wirtschaften gedachte, fragte sie, ob sie mit den Hausabfällen die Vögel füttern dürfe, was der Pfarrer ihr gern gewährte. Von nun an streute sie gegen zehn Uhr die Frühstücksreste in den Hof. Die Vögel gewöhnten sich daran und fanden sich allmorgendlich ein. Eines Tages aber bekamen sie kein Futter. Und auch an den nächsten Tagen blieb der Frühstückstisch für sie ungedeckt. Die Vögel, darunter zahlreiche Dohlen, begannen ein großes Geschrei, sodass auch der Pfarrer darauf aufmerksam wurde.

„Was ist denn los? Haben Sie die Tiere vergessen?"

„Nein, nein", erwiderte die Haushälterin, „ich habe sie nicht vergessen. Aber sie bekommen nichts mehr."

„Und warum nicht? Es ist doch Winter und die armen Geschöpfe leiden große Not."

„Nein, nein, sie bekommen nichts mehr, diese gottlosen Vögel. Ich habe nämlich gesehen, wie sie von hier aus direkt zum lutherischen Kirchturm geflogen sind und sich dort niederließen."

Der fromme Hase

Kardinal Bertram liebte es nicht, wenn sich Menschen allzu devot benahmen. Einmal erging sich ein Ordensmann im Eigenlob und erzählte dem Oberhirten, bei einer seiner Predigten im Freien sei sogar ein Hase herbeigehoppelt und habe seinen Worten gelauscht. Worauf der Kardinal urteilte: „Das Tier muss den Kohl gerochen haben."

Mit dem Esel

Ein Dominikanerpater reiste im Fränkischen mit der Eisenbahn. Ein junger zum Spott aufgelegter Mann sprach ihn an: „Sind Sie in Ihrem Gewand nun Antonius der Einsiedler, den man mit dem Schwein darstellt, oder Antonius von Padua, der mit dem Esel?" Der Pater lächelte und erwiderte: „Ihnen zu Ehren, junger Mann, bin ich Antonius und neben mir ist der Esel."

Die gebratene Gans

Jan Hus (um 1369–1415), Prediger und Reformator in Böhmen, der zeitweise auch Rektor der Prager Karls-Universität war, wetterte gegen den Reichtum der Kirche und feierte den Gottesdienst auf Tschechisch statt in Latein, was ihm eine große Anhängerschaft zuführte. Sein Hauptwerk heißt „De Ecclesia", „Von der Kirche", dessen Inhalt er wie seine übrigen Schriften auf dem Konzil in Konstanz (1414–1418) widerrufen sollte. Als Hus wider das ihm zugestandene freie Geleit in Konstanz festgesetzt und schließlich zum Tode verurteilt wurde, soll er gesagt haben: „Jetzt braten sie eine Gans." Hus heißt auf Deutsch nämlich Gans.

Das Bußhuhn

Philipp Neri war ein gesuchter Beichtvater, der mitunter zwölf Stunden im Beichtstuhl zubrachte. Die Bußen, die er auferlegte, waren von glaubenspädagogischem Wert. Weil die Contessa Bianchi oft schlecht über andere Menschen gesprochen hatte, trug ihr Philipp Neri folgende Bußübung auf: „Du besorgst dir auf dem Markt ein Huhn und kommst mit ihm zu mir. Unterwegs rupfst du ihm alle Federn aus." Die Contessa gehorchte, was natürlich manche Lachsalven unter der römischen Bevölkerung auslöste. Dann trug Philipp Neri ihr auf, die Federn wieder aufzusammeln. Auf den Einwand der Contessa, dass das unmöglich sei, antwortete der Beichtvater: „Daran hättest du vorher denken müssen, als du schlecht über andere Menschen redetest. Denn so wie du nicht mehr alle Federn aufsammeln kannst, so kannst du auch die bösen Worte, die du über andere verloren hast, nicht mehr zurücknehmen."

Wau, wau!

Ein Prälat mühte sich zu Ehren von Johannes Paul II. polnisch zu lernen. Aber er kam mit seinem Wortschatz nicht zurecht. Als er Johannes Paul II. einmal statt: „Wie geht es dem Heiligen Vater?", fragte: „Wie geht es dem Hündchen?", antwortete der Papst lächelnd: „Wau, wau!"

Arme Pferde

Seit 1412 besteht in Bad Kötzting der Brauch des Pfingstritts, eine Bittprozession zu Pferd. Kardinal Gerhard Ludwig Müller, heute Präfekt für die Kongregation der Glaubenslehre, vorher Bischof von Regensburg, erklärte Papst Benedikt XVI. den Ablauf der Prozession. „Ich sitze auf einem Pferd und halte die Monstranz", erläuterte der Bischof, worauf es dem Papst entfuhr: „Arme Pferde!"

Brüderliches Rindvieh

Viele Städte und Gemeinden litten nach dem Krieg große Not. Ein Dorf hatte das Glück, 30 Kühe von einer amerikanischen karitativen Stelle geschenkt zu bekommen, als Start für die neu aufzubauende Viehzucht. Das Lob über diese großzügige Gabe war überschwänglich. Der Ortsvorsteher erging sich in vielen Dankesworten vor den amerikanischen Spendern, die in dem Wunsch gipfelten: „Wir empfangen dieses Rindvieh im Geiste christlicher Brüderlichkeit."

Große und kleine Schafe

Nach dem Ende der Monarchie führten die evangelischen Landeskirchen ein neues Amtssiegel ein. Inmitten der Umschrift war als Symbol ein Lamm dargestellt. Damit man die Wichtigkeit der jeweiligen Amtsstelle erkennen konnte, erhielten die gewöhnlichen Gemeinden kleine, Dekanate größere, die Landeskirchenämter noch größere Amtssiegel. Bald war das geflügelte Wort im Umlauf: „Je größer das Amt, umso größer das Schaf."

Was dann?

„Wie ist das eigentlich, kommen Tiere in den Himmel?", wird Fabian in der Religionsstunde gefragt. Da Fabian ein wenig zögert, sagte der Geistliche: „Natürlich nicht! Es kommen nur Menschen in den Himmel."

„Was aber, wenn der Tiger gerade einen Menschen gefressen hat?"

Die Hundetaufe

Eine reiche Witwe fühlte sich in ihren alten Tagen recht einsam. Ihr wichtigster Gesprächspartner war ein in die Jahre gekommener Hund. Eines Tages kam sie auf die Idee, den Hund taufen zu lassen. Der zuständige Ortspfarrer war von diesem Vorhaben keineswegs entzückt, und so versuchte er, der Dame die Taufe auszureden. Tiere würden nicht getauft, wohl gesegnet, erklärte er ihr. Doch die gewaltige Summe, die die Dame für die Renovierung der Kirche in Aussicht stellte, machte den Pfarrer sprachlos.

„Die Angelegenheit muss ich mit dem Bischof besprechen", erklärte er ihr. Einige Tage darauf machte sich der Pfarrer auf den Weg in die Bischofsstadt. Der Bischof war entrüstet, dass der Pfarrer ihn in solcher Angelegenheit behelligte.

„Sie wissen doch, lieber Mitbruder, dass wir keine Tiere taufen", donnerte er los. „Sie hätten der Dame die Idee von vornherein ausreden müssen." Als der Pfarrer aber die in Aussicht gestellte Summe Geldes ansprach, wurde der Bischof schon nachdenklicher. Die Kirche war wirklich marode, und die Millionen konnten bei der Renovierung nicht schaden. Aber deshalb ein Tier taufen lassen?

Der Pfarrer hatte noch ein Ass im Ärmel. „Die Dame hat damit gerechnet, dass Exzellenz das Angebot ablehnen. In diesem Fall wäre sie damit einverstanden, die zugesicherte Summe zu verdoppeln."

Der Bischof bekam vor Überraschung den Mund nicht mehr zu. Dann sagte er stockend: „Für diese Summe könnte man den Hund auch gleich auf die Firmung vorbereiten."

Maikäfer statt Füllen

Papst Johannes XXIII. (1881–1963) war erst kurze Zeit als Nuntius in Paris, als er in Clamart eine Predigt halten musste. Die französische Sprache beherrschte er noch nicht perfekt. Während er sprach, bemerkte er unter den Zuhörern eine verschmitzte Heiterkeit. Nach dem Gottesdienst fragte er seinen Kaplan, weshalb die Gläubigen geschmunzelt hätten. Darauf erhielt er die Antwort: „Exzellenz haben statt ‚Heute steht uns das Bild vor Augen, wie der Herr auf dem Rücken eines Eselfüllens in Jerusalem einzog‘ gesagt: ‚Heute steht uns das Bild vor Augen, wie der Herr auf dem Rücken eines Maikäfers in Jerusalem einzog.‘“

Der Esel

Ein kritischer Zeitgenosse mit Namen von Osten machte sich gern über die Geistlichkeit lustig. Eines Tages sagte er zu einem Geistlichen, der ihm gegenübersaß: „Ich kann mir nicht gut vorstellen, Herr Professor, dass der Herrgott seinerzeit alle Tiere, die doch über die Erde verstreut leben, paarweise in die Arche Noah hineintreiben konnte, um sie der Nachwelt zu erhalten.“
Der Geistliche war nicht auf den Mund gefallen. Er machte die entsprechenden Handbewegungen und sagte dabei: „Gott ist allmächtig. Er wird gesagt haben: Komm, Löwe vom Süden, du Schlange vom Westen, du Eisbär von Norden, du Esel von Osten!“

Rest für die Karnickel

Die wunderbare Brotvermehrung ist eines der am schwersten zu verstehenden Wunder Jesu. Wieso blieben nach der Speisung noch so viele Stücklein Brot übrig? Diese Frage beschäftigt die Schülerschar eine ganze Weile, und allerhand Antworten werden zusammengetragen. Schließlich meldet sich der Daniel: „Der Rest war für die Karnickel.“

Kinder –
nicht auf den
Mund gefallen

Sonntagskind

Die Mutter erzählt dem sechsjährigen Martin, vor dem Schuleintritt, dass er an einem Sonntag geboren worden, also ein Sonntagskind sei.

Darauf meint Martin: „Dann darf ich dir doch gar nicht mehr helfen oder andere knechtische Arbeiten tun, oder?"

Schreihälse raus!

Der kleine Jakob weint oft, weil er zahnt. Sein Schwesterchen Anna sagt zur Mutter: „Ich weiß jetzt, warum der liebe Gott uns den Jakob geschickt hat."

„So? Warum denn?"

„Er wollte im Himmel seine Ruhe haben."

Keine Kunst

Die Kinder sind beim Schlittschuhlaufen. Der Herr Pfarrer kommt auf seinem Nachmittagsspaziergang vorbei und schaut den Kindern zu.

„Sind Gottes Wege nicht herrlich?", fragt er den kleinen Michael, der gerade eine Pause macht. „Im Sommer sagt er zum Bach: Fließe, und er fließt, und im Winter: Werde zu Eis und er wird zu Eis."

„Kunststück", erwidert Michael, „bei der Kälte."

Die Firmung

Hendrik kommt maulend nach Hause und hält sich die Backe.

„Was ist los? Habt ihr euch wieder gezankt?"

„Frank hat Bischof gespielt und er hat mich gefirmt!", schimpft Hendrik.

Ohren für die Brillen

Die Klasse diskutiert mit der Lehrerin darüber, wie sinnvoll Gott doch den Menschen erschaffen hat. Als die Kinder Beispiele dafür nennen sollen, sagt Eberhard, der Sohn eines Optikers: „Gott hat die Ohren geschaffen, damit sie die Brillen tragen können."

Schon als Kind verlobt

Die kleine Elisabeth kommt mit vielen gleichaltrigen Kindern in die Schule. Die Lehrerin fragt alle nach ihren Namen, und so antwortet das Mädchen „Elisabeth".

„Da hast du eine liebe Namenspatronin, die du zum Vorbild nehmen sollst."

„Ja, ich weiß. Sie hat schon als Kind Verlobung gefeiert."

Wann wird man bestraft?

„Wird man auch für etwas bestraft, das man nicht getan hat?", will Benedikt vom Vikar wissen.

„Wie kommst du auf so eine unsinnige Frage, Junge. Natürlich wird man nicht für etwas bestraft, das man nicht getan hat."

„Dann bin ich zufrieden", erwidert Benedikt. „Ich habe nämlich meine Hausaufgaben nicht gemacht."

Bischofsbesuch

Als der Bischof ohne Ankündigung das Knabenkonvikt besucht, geht er prüfend durchs Haus und kommt dann auch in den Speisesaal. Die Jungen sitzen gerade beim Mittagsessen und springen überrascht auf. „Bleibt nur hocken", lächelt der Bischof, „und esst weiter." Er sieht den Jungen eine Weile zu, die allerdings kaum einen Löffel zum Munde führen können – vor Aufregung.

Schließlich lässt sich der Bischof neben einem Schüler auf der Bank nieder und fragt: „Was habt ihr zuletzt im Religionsunterricht durchgenommen?"

„Das Sakrament der Taufe, Herr Bischof."

„Schön. Könntest du auch schon taufen?"

„Ja."

„Gut. Was gehört unbedingt dazu?"

„Wasser."

„Nun gut. Muss das besonderes Wasser sein, etwa Weihwasser?"

„Nein, Herr Bischof, notfalls genügt auch diese Suppe."

Seither ist die Suppe im Konvikt etwas nahrhafter. Der Name ‚Taufsuppe' jedoch überlebte.

Vorsorglich

Jonas geht zum ersten Mal zur Beichte. Mutti rät ihm, die kleinen Verfehlungen aufzuschreiben, damit er sie nicht vergisst. Nach einer Weile ist Berni immer noch nicht fertig.

„Was schreibst du denn immer noch?", erkundigt sich die Mutter.

„Ich schreibe gleich so viel auf, dass es für ein halbes Jahr reicht", meint Jonas.

In der Nase gebohrt

In einem Beitrag über die Krankensalbung schreibt Laura: „Die Augen werden gesalbt, weil sie Unrecht gesehen haben, die Ohren, weil man mit ihnen gehört hat, was man nicht hören sollte, die Nase, weil man darin gebohrt hat."

Schulfrei

„Kann du mir einen besonderen Feiertag nennen?"

„Ja, wenn wir schulfrei haben."

Falscher Nikolaus

Der Nikolaus kommt zu den zahlreichen Kindern einer Familie. Er hat eine Liste mit den guten und weniger guten Taten der Mädchen und Jungen dabei. Nikolaus ermahnt alle, der Mutter und dem Vater zu helfen und immer schön brav zu sein.

Als er den kleinen Patrick schließlich fragt, ob er alles verstanden habe, antwortet dieser: „Ja, Opa!"

Seither schlüpfte Opa nie mehr in das Gewand des heiligen Bischofs.

Die „Rauen Nächte"

Die Zeit zwischen Weihnachten und Drei Könige ist als die „Rauen Nächte" bekannt, in der die „Wilde Jagd" und andere Spukgeister umgehen. Als Fabian in der Schule gefragt wird, wie man diese Zeit nennt, erklärt er schlicht: „Weihnachtsferien!"

So schnell?

Weihnachten ist das Fest des Christkinds. Am 6. Januar wird mit dem Drei-Königs-Tag das „Fest der Erscheinung des Herrn" gefeiert. Vanessa will das nicht in den Kopf. „Wie kann Jesus Weihnachten ein Kind sein, und 14 Tage später schon ein Herr?", fragt sie zweifelnd.

Eingeäschert

In der Schule spricht die Lehrerin über die Fastenzeit und dass am Aschermittwoch der Unterricht zwei Stunden später beginnt. „Wir besuchen die hl. Messe", sagt sie und fügt hinzu: „Und was passiert dann?"

„Dann werden wir alle eingeäschert!", ruft Valentin.

Geschmacksache

Die Fast- und Abstinenztage sind noch nichts für Kinder. „Warum", fragt der Vikar, „gelten sie nur für Erwachsene?"

„Wir Kinder wissen noch nicht, was gut schmeckt", lautet die Antwort.

Adam wird nicht fertig

Jonas buddelt im Sand. Er knetet und formt, wird jedoch immer ungeduldiger. „Was machst du denn da?", will seine Mutter wissen.

„Ach, Mama, komm doch mal und hilf mir", ruft Jonas verzweifelt. „Ich spiele ‚lieber Gott', aber der Adam will einfach nicht fertig werden."

Ziegenzähne

Klein Isabell kann noch nicht alles verstehen, was die älteren Kinder in der Kirche singen. Als das Lied „Weißt du, wie viel Sternlein stehen?" erklingt und der Vers „Gott, der Herr, hat sie gezählet" an der Reihe ist, singt Isabell: „Gott, der Herr, hat Ziegenzähne."

Selig sind ...

„Wer von euch kennt die acht Seligkeiten?", wurde die Klasse im Religionsunterricht gefragt. Eisiges Schweigen. „Nun, niemand, der sich meldet und wenigstens eine der acht Seligkeiten nennen kann?"

Darauf meldet sich ein Mädchen: „Selig sind die armen Geistlichen ..."

Lustige Antworten

In der Apostelgeschichte ist von der Begegnung des Philippus mit dem Kämmerer von Äthiopien die Rede. Die Frage, was ein Kämmerer sei, führte zu lustigen Antworten:

„Er wohnt in einer Kammer."

„Er ist ein Kammerjäger."

„Er war Abgeordneter der Äthiopischen Kammer."

„Er war ein Kammersänger."

„Er musste die Königin von Äthiopien kämmen."

Frau vom Apostel

Der Pfarrer fragt die Kinder im Religionsunterricht, ob jemand wisse, was eine Epistel sei. Die kleine Sarah meldet sich darauf und sagt: „Das ist die Frau von einem Apostel."

„Ich sehe nur so aus"

Die Gemeindeschwester hat eine Menge Post zu erledigen. Schließlich ist sie fertig und will zum Briefkasten gehen, der jedoch einige hundert Meter entfernt ist. Da sieht sie einen der neuen Ministranten. „Mein Junge!", ruft sie ihm zu. „Du bist doch ein intelligentes Kerlchen. Kannst du mir den Weg zum Postkasten abnehmen?"
„Ich bin nicht intelligent", antwortet der Junge. „Ich sehe nur so aus."

Zu schwer

Beim Religionsunterricht in der Schule steht das Thema Taufe auf dem Programm. „Wie oft kann jemand getauft werden?", möchte der Vikar wissen. Großes Schweigen. Darauf der Vikar: „Warum kann ich nicht noch einmal getauft werden?"

Darauf die Antwort eines Schülers: „Dich kann doch niemand mehr über den Taufstein halten".

Der Bischof als Froschkönig

Die kleine Nichte ist bei ihrem Großonkel zu Besuch, der Pfarrer in einer Gemeinde ist. In diesen Tagen ist auch der Herr Erzbischof im Pfarrhaus zu Gast, weil er die Firmung spendet. Als die Tür zum Zimmer des Erzbischofs ein wenig offen steht, schaut die Nichte hinein und sieht die goldverzierten Pantoffeln des Oberhirten. Da ruft sie entzückt: „Mama, Mama, unser Erzbischof ist ein Froschkönig."

Maria im Gefängnis

Maria kam mit ihrer Mama an einem Heiligenhäuschen vorbei. Hinter dem Gitter befand sich eine Statue der Gottesmutter mit ihrem Jesuskind. „Sag mir mal, Mama" fragte das Kind, „warum sitzt die Mutter Gottes denn im Gefängnis?"

Am Kirchturm aufgehängt

Die Glockenweihe in der Pfarrgemeinde ist ein großes Fest. Viele Gläubige versammeln sich auf dem Kirchplatz, wo der Herr Dechant die Weihe vornimmt. Am darauffolgenden Tag sollen die Kinder in einem Schulaufsatz die Zeremonie beschreiben. Lea schrieb: „Als die drei neuen Glocken geweiht wurden, hielten der Herr Dechant, der Herr Pfarrer und der Herr Bürgermeister eine weihevolle Rede. Anschließend wurden alle drei im Kirchturm aufgehängt."

So isch recht

Der unvergessene Pfarrer Alois Ehmann von der Bernhardus-Pfarrei in Baden-Baden war ein echter Kinderfreund. Einmal betrat er die Kirche und traf mehrere Mädchen mit ihren Puppen am Weihwasserbehälter an.

„Ei, Kinder, was machet ihr denn da?", fragte er.

Die Mädchen hielten ihm die Puppen entgegen und sagten: „Mir taufe die Puppe und den Bären!"

Darauf die Antwort: „So isch recht, so isch recht!"

Die Onkelnonne

Jonas sieht zum ersten Mal einen Franziskaner und ruft: „Mama, ein Onkel, nein, eine Tante, eine Nonne, nein, eine Onkelnonne!"

„Oho! Hehi"!

Fritzchen hat die Maiandacht als sehr schön empfunden. Die Gesänge haben ihn erfreut. Zu Hause bittet er seine Mutter: „Sing doch noch mal das lustige Lied wie in der Kirche."

„Welches Lied denn?"

„Es fing an: Oho! Hehi."

Die Mutter geht alle Gesänge durch. Schließlich dämmert es ihr: „Du meinst: ‚O hohe Himmelskönigin!'"

Oh, Ordensleute!

Das Empfehlungsschreiben

Eines Abends klingelt es an der Pfarrhaustür. Der Pfarrer sieht seine Haushälterin an, was bedeutet, dass sie nachsehen soll, wer draußen steht.

Draußen stand ein ärmlich gekleidetes Mädchen, dessen Frömmigkeit allgemein bekannt war.

„Ach, Beate, so spät noch unterwegs?"

„Ja, Frau Schneider. Ich möchte, wenn es geht, dringend mit dem Herrn Pfarrer sprechen."

Als die Haushälterin den Besuch meldet, ist der Geistliche trotz der vorgerückten Stunde zum Gespräch bereit.

Etwas verlegen gibt sie dem Pfarrer die Hand. „Entschuldigen Sie, dass ich so spät noch störe, Herr Pfarrer. Aber tagsüber habe ich keine Zeit, weil mein Dienst erst um 20 Uhr endet."

„Ist recht, ist recht", erwidert der Pfarrer. „Was führt dich denn zu mir?"

Ewas verlegen antwortet das Mädchen: „Ich habe es mir lange überlegt, Herr Pfarrer, ich möchte gern in ein Kloster eintreten."

„Löblich, löblich!", ruft der Pfarrer aus. „Das finde ich einen großartigen Gedanken, zumal die Berufungen heute selten sind. Ich kenne dich, Beate, du bist fromm und zuverlässig. Der Orden kann von Glück sagen, der dich bekommt. Ja, was soll ich für dich tun, meine Liebe?"

„Es wäre mir lieb, Herr Pfarrer, wenn Sie mir behilflich sein könnten, ein Empfehlungsschreiben aufzusetzen. So etwas habe ich noch nie getan, und ich weiß nicht, wie ich es formulieren soll."

Nur zu gern ist der Pfarrer dazu bereit. Er lässt sich die nötigen Daten geben und sagt: „Komm morgen nach der Arbeit wieder vorbei. Dann kannst du das Empfehlungsschreiben abholen."

„Dieses arme Würmchen will ins Kloster gehen?", schüttelt Frau Schneider den Kopf, nachdem ihr der Pfarrer vom Berufswunsch des Mädchens erzählt hat. „Es hat ja kaum ein Hemdchen am Leibe."

Der Pfarrer tut sich mit der Formulierung schwer. Aber schließlich ist das Empfehlungsschreiben an die Oberin fertig. Dann fügt er seinen persönlichen Eindruck hinzu: „Die Anwärterin ist allerdings nicht reich genug, sodass es ihr schwerfallen wird, das Gelübde der Armut abzulegen."

Freunde auf Umwegen

Von Don Bosco (1815–1888), Jugendseelsorger und Ordensgründer, ein um die Jugend hochverdienter Salesianer, ging einmal das Gerücht, er sei nicht ganz richtig im Kopf und müsse in die Psychiatrie, um sich untersuchen zu lassen. Da man wusste, dass sich Don Bosco dorthin niemals freiwillig begeben würde, sann man auf eine List. Während er gerade Religionsunterricht hielt, erschienen zwei Geistliche in einer geschlossenen Kutsche, um ihn zu einer Spazierfahrt einzuladen. Don Bosco, der die Stunde gerade beendet hatte, ging mit hinaus. Da die Kutsche, wie er gleich bemerkte, von innen nicht zu öffnen war, durchschaute er die Falle. Er ging scheinbar auf die Spazierfahrt ein, als ihn einer der beiden Geistlichen jedoch aufforderte, einzusteigen, sagte er: „Nein, nein, nach Ihnen, Ehre wem Ehre gebührt." Da die beiden Besucher nach vielem Hin und Her ahnten, dass Don Bosco niemals vor ihnen in die Kutsche einsteigen würde, gaben sie schließlich nach und stiegen ein. Kaum hatten sie jedoch Platz genommen, schlug Don Bosco den Schlag zu und rief dem Kutscher zu: „Ab in die Psychiatrie. Die beiden Herren werden dort erwartet!" Da half kein Lamentieren und Schimpfen. Die beiden wurden in der Anstalt abgeliefert. Da sie schimpften und außer sich vor Wut waren, hielt man sie tatsächlich für Patienten und behielt sie in der Psychiatrie, bis der Heilige den Fall klärte. Die beiden Geistlichen waren natürlich höchst beleidigt, doch allmählich verrauschte der Zorn. Man wird es kaum glauben, aber sie wurden sogar Freunde. Einer von ihnen schloss sich später der Gemeinschaft der Salesianer an.

Kluge Entscheidungen

Franz von Sales (1567–1622), Ordensgründer; Mystiker, Kirchenlehrer, Fürstbischof von Genf, bekam eines Tages Besuch von einem Offizier, der für seine Ungeduld und sein aufbrausendes Temperament bekannt war. Der Offizier musste etwas warten, und als er schließlich vorgelassen wurde, kam er polternd durch die Tür. Der Bischof ließ sich nichts anmerken, sondern fragte, womit er dienen könne. „Herr Bischof", rief der Offizier, „zeigen Sie mir einen Weg, wie ich als Soldat ein guter Christ sein kann." Franz von Sales antwortete ruhig: „Ganz einfach. Beginnen Sie damit, die Türen leise zu schließen."

Ein Medizinstudent aus Genf, Sohn eines calvinistischen Arztes, zog vor das Bischofshaus in Annecy und begann über Franz von Sales zu spotten. Er rief: „Saint-Gras – Heiliger Fettsack!" Als Franz von Sales das hörte, jagte er den Studenten nicht einfach davon, sondern bat ihn ins Haus und forderte ihn auf, seinen Puls zu messen, da er selten Gelegenheit habe, einem begabten Medizinstudenten, dessen Fähigkeiten allgemein bekannt seien, zu begegnen. Der Student, höchst verwundert, folgte der Aufforderung. Im Verlauf der Untersuchung kamen beide ins Gespräch, in dessen Verlauf der Student von dem Bischof so angetan war, dass er sich wiederholt mit ihm traf und schließlich zum katholischen Glauben konvertierte.

Am Fest des hl. Stephanus im Jahre 1595 kamen nur sieben Menschen zu seinem Gottesdienst. Franz von Sales überlegte, ob er vor einer so geringen Zahl überhaupt predigen solle, tat es schließlich aber trotzdem. Unter den Zuhörern befand sich der calvinistische Prokurator von Thonon. Diesem gingen die Worte Franz von Sales' so zu Herzen, dass er alsbald um Aufnahme in die katholische Kirche bat. Da wusste der Prediger, dass sich jede Mühe lohnt, auch wenn die Zahl der Zuhörer noch so klein ist.

Einmal sah der Bischof, wie sein Kammerdiener mühevoll ein Heiratsgesuch an eine Witwe aufsetzte und damit nicht zurechtkam. Da nahm Franz von Sales den Brief an sich und schrieb in wohlgesetzten Worten an die Witwe. Es wurde eine richtige Liebeserklärung, die der Diener nur noch unterschreiben musste. Am nächsten Tag erschien die Witwe und nahm den Heiratsantrag an.

Mitten in der Nacht wurde Franz von Sales einmal vom Gepolter eines Dieners geweckt, der betrunken nach Hause kam und die Treppe hinaufwankte. Der Bischof half ihm, möglichst unbeschadet ins Bett zu kommen. Der Diener erwartete am nächsten Morgen eine gesalzene Strafpredigt, doch sein Herr sagte nur: „Gestern sind Sie aber sehr krank gewesen." Seither rührte der Diener keinen Alkohol mehr an.

Der spätere Generalvikar der Diözese Genf, Rolland, arbeitete zeitweise als Diener bei Franz von Sales. Einmal bemerkte der, dass ein Bettler mit dem Silbergeschirr des Bischofs davonlief. Überzeugt, dass der Bettler einen Diebstahl begangen habe, eilte er ihm nach und zerrte ihn zurück ins Bischofshaus. Dort erklärte er seinem Herrn den Vorfall. Der Bettler behauptete hingegen, er habe das Geschirr geschenkt bekommen. Franz von Sales erwiderte: „Ja, ich habe es ihm geschenkt. Was meint Ihr, soll ich ihm auch den silbernen Kerzenleuchter dazu geben?" Der französische Schriftsteller Victor Hugo hat diesen Vorfall später in seinem Roman „Die Elenden" aufgenommen.

Mit einem Fuchsschwanz durch Rom

Als Philipp Neri die Kongregation der Padri dell'Oratorio (Oratorianer) gestiftet hatte, die sich rasch ausdehnte und sich großes Ansehen erwarb, kam auch ein junger römischer Prinz und bat um Aufnahme in die Gemeinschaft. Er wurde auch tatsächlich in das Noviziat, in die Probezeit, aufgenommen und trug die vorgeschriebene Kleidung. Nach einiger Zeit suchte er um endgültige Aufnahme nach. Bevor das geschehe, so wurde ihm gesagt, müsse er noch einige Prüfungen über sich ergehen lassen. Da brachte Philipp Neri einen Fuchsschwanz. „Deine erste Prüfung besteht darin, diesen Fuchsschwanz hinten an deinen Rock zu heften und mit ihm durch die Straßen Roms zu gehen", erklärte er. Der Prinz entrüstete sich: „Ich wollte hier keine Schande, sondern Ehre erlangen", rief er. Da klärte der Heilige ihn auf, Ehren seien nicht das Ziel dieser Gemeinschaft, wo doch die Entsagung das erste Gesetz sei. Der Prinz nahm daraufhin sogleich seinen Abschied.

Gary Cooper vor Tisserant

Schwester Pascalina Lehnert (1894–1983), die deutsche Ordensschwester, die mit zwei Mitschwestern den Haushalt Pius XII. besorgte, scheute sich auch nicht, hohen geistlichen Herren ihre Meinung zu sagen. Deshalb stand sie nicht bei allen im besten Ruf. Dem französischen Kardinal Eugène Tisserant wies sie einmal die Tür zum Papst, und als dieser lauthals zu schimpfen begann, ließ sie die Schweizer Garde holen. Ein andermal strich sie einen Termin des Kardinals mit dem Heiligen Vater wegen des Besuchs des berühmten amerikanischen Schauspielers Gary Cooper. Sie entschied auch, wer in den letzten Lebensmonaten des Papstes zu ihm vorgelassen wurde oder nicht, was ihr keine Freunde machte. Deshalb musste sie nach dem Tod Pius XII. im Jahre 1958 sofort ihr Zimmer in Castel Gandolfo räumen und mit einem Taxi in ein Kloster in Rom fahren.

Ein Heuchler mehr

Mutter Angelica PCPA (1923–2016), hieß ursprünglich Rita Antoinette Rizzo. Sie trat in den Orden der Klarissen vom Orden der Poor Clares of Perpetual Adoration (Arme Klarissen von der ewigen Anbetung) ein und gründete 1976 in einer Hinterhofgarage ihres Klosters in Irondale, Alabama den religiösen Sender Eternal Word Television Network. Eines Tages wandte sich ein Mann an sie und berichtete ihr von seiner Bekehrung, sagte aber zugleich, katholisch könne er nicht werden, weil es zu viele Heuchler in der Kirche gebe. Darauf antwortete Mutter Angelica: „Treten Sie ruhig in die katholische Kirche ein. Auf einen Heuchler mehr oder weniger kommt es auch nicht mehr an."

Verstand als Gabe Gottes

Es gibt ein Sprichwort, das lautet: Wem Gott ein Amt verleiht, dem gibt er auch Verstand. Dieser Ausspruch soll auf den Kapuzinerpater und Hofprediger Séraphin zurückgehen, der unter Ludwig XIV. diente. Der König, sich seiner Machtfülle bewusst, verlieh oftmals einträgliche Ämter an Günstlinge, obwohl diese den Aufgaben nicht gewachsen waren. „Wem ich ein Amt übergebe, der ist dafür auch prädestiniert", meinte er, wenn er darauf angesprochen wurde, ob der neue Amtsträger dazu auch fähig sei.

Als der König wieder einmal einem Unfähigen ein Amt zugeschustert hatte, rief Pater Séraphin in Anwesenheit des Monarchen von der Kanzel: „Königen kommt es zu, Ämter zu vergeben, doch der Verstand bleibt immer eine Gabe Gottes."

Die alte Reliquie

Die Äbtissin eines italienischen Klosters trug wie alle Klostervorsteherinnen ihres Standes Ring und Kreuz. Ihre Mitschwestern küssten ihr ehrfürchtig den Ring. Nur der Spiritual, der Geistliche des Klosters, wollte von dieser Form der Verehrung nichts wissen. Die Äbtissin unternahm viele Versuche, dass ihr der Geistliche wie die Schwestern diese Ehre erweise. Doch lächelnd lehnte er ab. Schließlich wusste sich die Äbtissin keinen anderen Rat mehr, als sich an die Religiosenkongregation in Rom zu wenden. Sie schilderte den Umstand und bat, dass man den Spiritual auffordern möge, ihr den Ring zu küssen, wie es die anderen auch täten. Sonst sähe sie ihre Autorität untergraben und das schade der Disziplin des Klosters. Die Antwort der Religiosenkongretation ließ nicht lange auf sich warten. Man schrieb ihr: Der Geistliche müsse der Äbtissin den Ring nicht küssen, aber er solle sich vor ihr verbeugen wie vor einer alten Reliquie.

Der Heuwagen und der Prior

Thomas von Kempen (um 1380–1471), Augustinerchorherr, Mystiker und geistiger Schriftsteller, hieß eigentlich Thomas Hemerken. Bekannt wurde er vor allem durch seine Schrift „De imitatione Christi – Von der Nachfolge Christi". Nach dem Besuch der Lateinschule in Kempen kam er 1392 nach Deventer, wo er sieben Jahre die Stadtschule besuchte. 1399 trat er in das Kloster Agnetenberg ein, wo sein Bruder Johannes Prior geworden war. Hier lebte und wirkte er 72 Jahre. Er wurde 1413 zum Priester geweiht und war längere Zeit Subprior und Prior des Klosters, wo ihm die Bildung der Novizen aufgetragen wurde. Er entfaltete ein reiches schriftstellerisches Schaffen. Doch zugleich soll sich auch seine Körperfülle entfaltet haben. Als er sich auf einer längeren Fußwanderung einmal verspätete, trieb ihn die Sorge um, ob das Stadttor bei seiner Ankunft wohl noch geöffnet sei. Er fragte unterwegs einen Bauern, der maß den Geistlichen kritisch und sagte dann: „Das Tor ist noch geöffnet. Wo ein Heuwagen hindurchgeht, werdet Ihr wohl auch hindurchpassen."

Der Kopist

Irische Mönche, die in der Tradition der koptischen Kirche Ägyptens lebten, waren dafür bekannt, dass sie die Heilige Schrift in wunderbaren Zeilen abschrieben und die Bücher mit Ausdauer und Sorgfalt illuminierten. Eines Tages kam ein Besucher und bat einen Mönch, ihm die Kopie eines erbaulichen Buches zu liefern. Der Mönch befand sich aber gerade in einer tiefen Phase der Beschauung und sagte: „Ich werde das Buch abschreiben." Da er mit seinen Gedanken wegen der Vertiefung in die Heilsgeschichte Gottes jedoch nicht ganz bei der Sache war, schrieb er einige Zeilen unvollständig ab oder ließ ganze Sätze aus. Als der Auftraggeber sein Buch abholte und darin blätterten, beschwerte er sich: „Hier fehlen ja ganze Verse!" Darauf entgegnete der Kopist: „Befolge zunächst, was dort niedergeschrieben ist. Dann komm wieder, und ich werde den Rest schreiben."

Die Traurigkeit bekämpfen

Der hl. Philipp Neri (1515–1595) war ein fröhlicher Mensch und zu manchen Späßen aufgelegt. Als er einmal herzhaft lachte, wurde er von seinem Freund, Bruder Zanobi, gerügt: „Ein Priester des Herrn sollte würdevoll sein und so nicht lachen."
Philipp Neri erwiderte: „Warum sollte der Herr sich nicht freuen, wenn die Seinen lachen? Ist es nicht die Traurigkeit, die unser Haupt niederdrückt und nicht zum Himmel aufschauen lässt? Deshalb müssen wir die Traurigkeit bekämpfen und nicht die Fröhlichkeit."

Hier spielt die Musik! – Kunststücke aller Art

Geistreiche Antwort

Jean Philippe Rameau (1683–1764), der französische Komponist und Musiktheoretiker, der auch zeitweise als Organist arbeitete, lag im Sterben. Einige Freunde waren zugegen, und da Rameau kein Lebenszeichen von sich gab, hielten sie ihn für bewusstlos. Ein Geistlicher betete und stimmte dann einen Psalm an. Da schlug Rameau noch einmal die Augen auf und sagte: „Aber Herr Abbé, wie kann man nur so falsch singen!" Darauf starb er.

Malergeschichten

Der Renaissancemaler Raffael (1483–1520) war ein schlagfertiger Künstler. Einmal kritisierten zwei Kardinäle eines seiner Bilder, auf denen er den Aposteln Petrus und Paulus eine ihrer Meinung nach zu rote Gesichtsfarbe gegeben habe. Raffael erwiderte: „Das war kein Fehler, sondern Absicht. Ich habe die Apostelfürsten so gemalt, wie sie jetzt im Paradies aussehen. Sie sind rot vor Zorn und Scharm darüber, von welchen Menschen heute die Kirche regiert wird."

Aufmerksamkeit

Das Mausoleum Urbans VIII. (1568–1644) war das letzte Werk Berninis (1598–1680). Es wurde 1678 im Petersdom fertiggestellt. Bei der Enthüllung fiel eine nackte Frauengestalt auf, die in der Umgebung Anstoß erregte. Sie sollte die Wahrheit verkörpern. Als Innozenz XI. (1611–1689) sie erblickte, rief er aus: „So wenig die Wahrheit im allgemeinen gefällt – diese wird besondere Aufmerksamkeit erregen."

Zur Erbauung

Halle an der Saale feiert alljährlich ihren großen Sohn, Georg Friedrich Händel (1685–1759), der in der Westminster-Abtei in London bestattet ist. Zu seinen großen Förderern gehörte König Georg II. von England (1683–1760), der aus dem Hause Hannover stammt. Als er der Aufführung des „Messias" beigewohnt hatte, empfing der König den Komponisten und dankte ihm huldvoll mit den Worten: „Sie haben uns wahrlich sehr ergötzt." Händel verneigte sich vor dem König und erwiderte: „Ich habe mein Werk eigentlich nicht zur Ergötzung, sondern zur Erbauung der Menschen geschaffen."

Einmal besuchte Händel den Gottesdienst in einer Kleinstadt. Der Pfarrer lud ihn anschließend zum Mittagsmahl ein. „Nun, lieber Händel, wie hat Euch denn der Gesang des Kirchenchores gefallen?", fragte der Geistliche. Händel schmunzelte: „Wenn ich an Eure Predigt über die Barmherzigkeit denke, Herr Pfarrer, so kann ich nur sagen: Möge diese Barmherzigkeit auch dem Chor und seinem Dirigenten zuteilwerden."

Die komplizierte Messe

Wolfgang Amadeus Mozart (1756–1791) hat sich auch viel mit Kirchenmusik befasst. Als er die c-Moll-Messe zum Abschluss gebracht hatte, kam er freudig zu seiner Frau Constance, umarmte sie und rief begeistert: „Diese Messe habe ich betend komponiert."

Wenig später übte er seine Komposition mit dem Kirchenchor ein, aber die Proben wollten nicht so recht klappen. Als Constanze später zur Kirche ging, um den Proben beizuwohnen, hörte sie ihren Wolfgang schon von Weitem mit den Musikern und Sängern herumstreiten, fluchen und schimpfen. Constanze schüttelte den Kopf, ging zu ihrem Mozart, zog ihn beiseite und fragte: „Was ist

das für eine sonderbare Messe, Wolfi? Betend hast du sie komponiert und fluchend willst du sie einüben?"

Mozart erschrak. „Du hast recht, Constanze. Bitte, verzeih mir,
dann wird mir der Herr dort droben auch verzeihen."

Das unvollendete Kolossalgemälde

Der Geschichtsmaler und Akademieprofessor Karl Schorn (1803–
1850) lud eines Tages den von ihm hochgeschätzten Maler Moritz
von Schwind (1804–1871) in sein Atelier ein, um ihm sein Kolossal-
gemälde „Die Sintflut" zu zeigen, das kurz vor der Fertigstellung
stand. Das Gemälde war über und über mit Personen bestückt.
Von Schwind besah sich das Werk eine Weile von allen Seiten, dann
rief er aus: „Großartig, dass all dieses fürchterliche Gesindel ersau-
fen muss!" – Schorn hat das Gemälde nie fertiggestellt.

Lädierte Heilige

Der Zustand der kleinen Dorfkirche ist nicht der Beste. Sie muss
dringend gereinigt und ausgemalt werden. Auch die Heiligenfi-
guren machen nicht mehr den besten Eindruck. Ein Restaurator
macht auf Wunsch des Kirchenvorstandes einen Kostenvoran-
schlag. Er schreibt: „Gott Vater den Bart länger ziehen und ver-
silbern 6,– €. Hemd des verlorenen Sohnes ausbessern 3,– €.
Das Rote Meer von Schmutz reinigen 4,– €. Den Hohepriester
waschen 1,50 €. Dem Petrus einen Zahn einsetzen 2,– €. Das Gesicht der hl. Magdalena ölen und neu bemalen 12,– €. Dem Teufel
zwei neue Hörner aufsetzen kostenfrei."

Fürchtet euch nicht

Papst Leo XIII. (1810–1903) ließ sich von Malern von Zeit zu Zeit
porträtieren. Einmal war er mit seinem Konterfei nicht einverstan-

den, weil er meinte, der Künstler habe eine falsche Vorstellung von ihm oder er vom Künstler. Als das Bild vollendet war, bat er den Maler, die Worte „Matthäus XIV,27 – Leo XIII." darunter zu schreiben. Als der Künstler zu Hause nachschlug, las er: „Fürchtet euch nicht. Ich bin es."

Listenreiche Antwort

Peter Igelhoff (1904–1978), österreichischer Komponist, von seinen Freunden oft „Petrus" genannt, wurde einmal gefragt, wie ihm der Gesang des neuen Tenors Hahn gefallen habe. Der Musiker verzog sein Gesicht und antwortete: „Als der Hahn zum zweiten Mal krähte, ging Petrus hinaus und weinte bitterlich."

„Furchtbar für die Knie"

Ludwig XIV. (1638–1715) war zwar leichtlebig, doch hatte er auch seine ernsten Seiten. In der Karwoche ließ er sich einmal das ‚Miserere' von Jean-Baptist Lully (1632–1687) vorspielen. Die Musik ergriff ihn so sehr, dass er sich auf den Boden kniete und in dieser Stellung bis zum letzten Ton verharrte. Die Hofgesellschaft musste es ihm gleichtun. Bei der Mittagstafel fragte der König den Grafen von Gramont, wie ihm das ‚Miserere' gefallen habe. „Hervorragend für Herz und Ohren, Majestät", antwortete der Graf, „aber furchtbar für die Knie."

Humorvoller Pontifex

Die Schlüssel Petri

Die Kardinäle in Rom hatten beschlossen, möglichst ältere und hinfällige Kandidaten zum Papst zu wählen, damit immer mal wieder ein anderer an die Reihe käme. Sixtus V. (1521–1590) war ein solcher Kandidat. Er sprach mehr über den Tod als über das Leben. Also wurde er gewählt. Von diesem Augenblick an aber ging in dem Papst eine Verwandlung vor. Er ging kerzengerade und zeigte keine Anzeichen mehr von Altersschwäche. Alle wunderten sich. Als ihn jemand nach dem Grund für diese neue Lebensfreude fragte, bekam er zur Antwort: „Vor Unserer Thronbesteigung gingen Wir sehr gebückt, das ist wahr, weil Wir damals die Schlüssel Petri auf Erden suchten. Nun, da Wir sie gefunden haben, gehen Wir aufrecht, wie es Uns geziemt."

Dem Falschen Geld geliehen

Sixtus V. bestellte einmal den Prior des Jakobinerklosters in Mailand zu sich nach Rom.

„Ihr verwaltet Euer Kloster schlecht, das muss ich Euch sagen", ermahnte ihn der Papst. Der Prior war höchst erschrocken und fragte nach dem Grund dieses Vorwurfes. „Vor 15 Jahren habt Ihr einen nichtsnutzigen Franziskaner beherbergt und ihm beim Abschied sogar Geld geliehen. Dieses Geld habt Ihr nie wiederbekommen."

„Das ist wohl wahr, Eure Heiligkeit. Doch woher wisst Ihr das? Ich habe damals aus Barmherzigkeit gehandelt, im Vertrauen, das Geld zurückzuerhalten, doch ich bin von einem Lumpen betrogen worden."

„Schon gut, schon gut", erwiderte der Papst, „der Lump war ich. Hier habt Ihr das Geld, das ich Euch schulde. Aber in Zukunft dürft Ihr solchen Halunken nichts mehr leihen."

Dringendes Geschäft

Benedikt XIV. (1675–1758) wartete auf den französischen Gesandten beim Heiligen Stuhl, den Herzog von Choiseul. Da er nicht pünktlich war, blickte der Papst aus dem Fenster und sah, wie der Gesandte gerade in einer Ecke des Hofes ein dringendes Geschäft verrichtete. Kurz danach empfing der Papst den Gast. Noch bevor er zum Thema des Besuches kam, sagte er: „Herzog, tun Sie das in meinem Hofe nicht mehr, was Sie soeben getan haben. Wenn nämlich der spanische Gesandte davon erfährt, der ja im Hinblick auf die Vorrechte seiner Nation so empfindsam ist, wird er das in meinem Schlafzimmer erledigen wollen."

Unterhaltung durch die Steine

Papst Leo XIII. (1810–1903) war schon betagt und mancher Besucher kostete ihm viel Kraft. Als einmal ein neuernannter Diplomat zu einer Privataudienz erschien, begann der Gast, über die immensen Kunstschätze der Ewigen Stadt zu plaudern.

„Jeder Stein, Eure Heiligkeit, hat hier seine Geschichte. Jeder Stein rühmt die Größe der Vergangenheit", schwärmte der Gast. Der Papst stand unter Zeitdruck und nach einem Blick auf die Uhr bemerkte er: „Sie treffen eine höchst erfreuliche Beobachtung. Ich muss mich nämlich leider von Ihnen verabschieden, aber die Steine, die Steine werden Sie noch eine Weile unterhalten."

Der Spaten als Bischofsmütze

In den Ferien musste der Schüler, künftige Priester, Nuntius und Papst Angelo Giuseppe Roncalli – Johannes XXIII. (1881–1963) – mit seinen Geschwistern und Vettern auf den heimischen Feldern arbeiten. Die Lasten, die er ins Dorf tragen musste, waren schwer und oftmals kamen ihm die Tränen. Schmerzlicher aber war der

Gedanke an die Bücher, auf die er in den Ferien verzichten musste. Einmal erwischte ihn sein Vater hinter einem Weinstock, wie
er las. Da bezog der Junge eine Tracht Prügel. Einmal weigerte
sich Angelo, in den Weinberg zu gehen. Er hielt den Spaten, den
ihm der Vater in die Hand gedrückt hatte, wie eine Bischofsmütze
hinter den Kopf und soll gesagt haben: „So werde ich den Spaten
tragen." Der Vater darauf: „Hoffentlich werde ich noch erleben,
dass aus dir etwas Vernünftiges wird."
Als Angelo Giuseppe Roncalli Bischof geworden war, hörte er einmal, wie zwei Mönche abfällig über ihn sprachen. „Wie kann ein
so dicker Mensch durch die enge Pforte in den Himmel einge-
hen?" Darauf drehte er sich um und sagte lächelnd: „Der liebe
Gott, der mir das Bäuchlein hat wachsen lassen, wird auch dafür
sorgen, dass ich mit ihm durch das Nadelöhr komme."

Du bist der Papa

Als Papst Johannes XXIII. (1881–1963) sein Pontifikat antrat, ord-
nete er an, dass die Vatikanischen Gärten auch für die Öffent-
lichkeit zugänglich gemacht wurden. Eines Tages begegneten ihm
zwei Jungen.
„Wie heißt du denn?", fragte der Papst den kleinsten.
„Ich heiße Tomas."
„Und weißt du auch, wer ich bin?"
„Nein, aber der Giuseppe sagt, dass du der Papa bist."
„Da hat Giuseppe recht. Ich bin der Papst. Oder glaubst du mir
nicht?"
„Dann zeig mir erst einmal deinen Himmelsschlüssel!"

Der Papst und die Schweizer Garde

Nach seiner Papstweihe empfing Johannes XXIII. die Offiziere der
Schweizer Garde. Die Offiziere knieten vor dem Papst nieder, wie

es bis dahin Brauch gewesen war. Johannes aber ermunterte sie aufzustehen und sagte: „Bedenken Sie, meine Herren, ich habe es als Soldat nur zum Sergeanten gebracht."

Papst Johannes XXIII. lud einmal ein Mitglied der Schweizer Garde zum Mittagessen ein. Der Offizier war sichtlich erregt und schwitzte.

„Mein Sohn, warum bist du so aufgeregt?", fragte Johannes XXIII. Der Schweizer wischte sich den Schweiß von der Stirn: „Eure Heiligkeit, essen Sie mal mit einem Papst."

Bakterien sind Unsinn

Papst Johannes XXIII. war vor seiner Papstwahl als Angelo Giuseppe Roncalli Delegat an verschiedenen Stellen, so auch in Konstantinopel. Dort beschäftigte sein Haushalt einen zum Christentum konvertierten Türken. Der Delegat beobachtete eines Tages, wie der junge Mann die Gläser nur kalt abspülte, abtrocknete und dann wegräumte. Roncalli machte ihn darauf aufmerksam, dass die Gläser zwar sauber aussähen, sich jedoch viele Bakterien darin absetzen könnten, die möglicherweise schwere Krankheiten hervorrufen und sogar zum Tode führen würden.

Der junge Mann dachte einen Augenblick nach und antwortete dann lächelnd: „Ich verstehe, was Sie meinen, Monsignore, doch wir Christen – wir glauben doch nicht an solchen Unsinn, nicht wahr?"

Stühle für den halben Nuntius

Nuntius Roncalli wurde, als er nach dem asketischen Pius XII. Papst wurde, nicht gerade mit Freuden begrüßt. Viele Menschen, auch Geistliche, störte seine Leibesfülle, und er machte auf viele nicht den Eindruck eines Kirchenführers, der viel bewegen könne. Und doch gingen von ihm viele neue geistige Impulse, vor allem die für das Zweite Vatikanische Konzil, aus. Als Roncalli einmal in der erlauchten französischen Akademie weilte, fragte ihn jemand nach seinen Eindrücken. Er antwortete: „Schön, schön", stand dann aber auf und fügte hinzu: „Leider gestatten die Stühle nur das Sitzen für einen halben Nuntius."

In Ruhe arbeiten und deutsch sprechen

1953 übernahm Angelo Giuseppe Roncalli das Amt eines Patriarchen von Venedig. Da er schon in Paris die Nachtruhe unterbrochen hatte, um ungestört arbeiten zu können, wollte er diese Gewohnheit auch jetzt fortführen. Sein Sekretär, der schon bald mitbekommen hatte, dass im Arbeitszimmer des Nuntius nachts das Licht brannte, erklärte sich bereit, ebenfalls aufzustehen. „Das ist keine gute Idee, so gut sie gemeint ist", widersprach Roncalli. „Ich verzichte ja deshalb auf den Schlaf, damit ich in Ruhe arbeiten kann."

Papst Johannes XXIII. beherrschte mehrere Sprachen, wollte am Ende jedoch auch besser deutsch sprechen können. Als er gefragt wurde, warum er sich dieser Mühe unterzöge, gab er zur Antwort: „Ich habe die Kanarienvögel meines lieben Vorgängers Papst Pius XII. geerbt. Schwester Pasqualina hat nur deutsch mit ihnen gesprochen. Wie soll ich mich denn mit ihnen unterhalten, wenn nicht auf Deutsch?"

Einmal kam eine französische Fallschirmjägereinheit in Privataudienz zu Johannes XXIII. Der Papst rühmte den Mut der Truppe. Er meinte, dass er vielleicht auch ein Fallschirmjäger geworden wäre, wenn diese Einheit in seiner Jugend schon bestanden hätte. Die Soldaten nahmen die Worte des Papstes mit Stolz auf. Der Papst sagte ihnen aber auch, dass er sie lieber am Sonntag in der Kirche sähe statt am Himmel. „Während ihr so eifrig darauf bedacht seid, nach Befehl vom Himmel zu fallen, so wünsche ich, dass ihr am Ende nicht vergesst, wie ihr in den Himmel hinaufkommt."

Der Brief an den lieben Gott

Papst Gregor XV. (1554–1623) entdeckte eines Tages in seinem Briefkasten einen Brief, der an den lieben Gott gerichtet war. Der Papst überlegte, ob er den Brief öffnen dürfe, tat es schließlich und las: „Lieber Gott, mir geht es sehr schlecht. Aber mit 20 Scudi (die damalige Währung des Kirchenstaates) wäre wir schon sehr geholfen." Der Papst ließ den Brief nicht unbeantwortet liegen. Er ließ nachforschen und fand heraus, dass es dem Briefschreiber wirklich schlecht ging. Darauf griff er in sein Portemonnaie und schickte zehn Scudi im Namen Gottes an den Absender. – Bald darauf traf wieder ein Brief ein. „Lieber Gott, ich danke dir für die zehn Scudi, die mir sehr geholfen haben. Aber wenn du mir wieder einmal 20 Scudi schicken solltest, so bitte ich dich, schicke sie direkt an mich und nicht an den Papst, der die Hälfte für sich behalten hat."

Langer Papstname

Papst Pius X. (1835–1914) hieß vor seiner Weihe zum Pontifex Maximus Giuseppe Melchiorre Sarto und war Patriarch von Venedig. In den deutschen Zeitungen wurde sein Name jedoch als Siegfried Anton Richard Theodor Otto Sarto veröffentlicht. Wie war es zu dieser langen Namensgebung gekommen? Die Journalisten verfügten damals natürlich noch nicht über die modernen Kommunikationsmittel wie heute, sondern mussten sich des Telefons bedienen, um der heimischen Redaktion ihre Meldungen durchzugeben. Um den Namen Sarto zu buchstabieren, bedienten sie sich des ABC. „S wie Siegfried, A wie Anton, R wie Richard, T wie Theodor, O wie Otto..."

Die Päpstin ist ganz reizend

Im 19. Jahrhundert konnte nur reisen, wer reich war. Das waren meist die Adeligen und die Abkömmlinge finanziell besser gestellter Familien des Bürgertums. Madame Du Titre (1748–1827), eine Angehörige der Französischen Kolonie in Berlin und wegen ihres Mutterwitzes ein Berliner Original, tat sich in einer Gesellschaft hervor und berichtete, eine ihrer Töchter sei mit ihrem Mann derzeit in Italien. „Meine Dochter", so gab sie kund, „is nu in Rom, und da isse jeden Nachmiddag bei Papstens zum Tee injeladen. Und wat die Päpstin is, die is janz reizend zu meine Dochter."

Krönungsgeschichten

Als Papst Johannes XXIII. gekrönt wurde, schrieben Schüler und Schülerinnen in einer Schule: „Als Papst gekrönt zu werden, ist eine schöne Sache. Denn einen Papst kann jeder brauchen auf der Welt." – „Die Glocken von Italien bimmelten und bummelten nur so hin und her." – „Vor dem Einzug in das schmucke Peterskirchlein blieb allen vor Überraschung der Mund offen, und die meisten wurden vor Staunen starr." – „Die Krönung des Papstes wurde auf eine spätere Zeit verlegt, denn das wilde Schreien und der tosende Jubel der Menge ließ ihm keine Ruhe." – „Der neue Papst ist 1881 aus einem einfachen, aber kinderlieben Bauernhaus entsprungen, auf dem heute noch Schindeln am Dache sind." – „Dann setzten sie gemeinsam ein dreistöckiges Trara auf das Oberhaupt." – „Der unbeschreibliche Jubel der tobenden Massenmenschen war nicht hinter dem Zaun zu halten." – „Neben dem Thron ist das Grab des hl. Petrus, wo auch seine übrigen Sterbereste zu finden sind."

Heiliger Sohn

Wo immer er kann, versucht Papst Franziskus zu verhindern, dass Menschen, die ihm begegnen, einen zu ehrfürchtigen Ton anschlagen. Als kurz nach seiner Wahl zum Papst im Speisesaal des vatikanischen Gästehauses der philippinische Kardinal Luis Tagle zu Franziskus an den Tisch trat und fragte: „Heiliger Vater, darf ich mich zu Ihnen setzen?", antwortete dieser: „Aber bitte doch, Heiliger Sohn."

Luis Tagle, der mit 55 Jahren der zweitjüngste Teilnehmer am Konklave war, wirkt tatsächlich noch deutlich jünger, so dass er und Bergoglio vor dem Konklave darüber gescherzt hatten, dass man ihn für einen Seminaristen halten könne.

„Ich singe wie ein Esel"

Im Gegensatz zu seinem Vorgänger im Amt ist Papst Franziskus nicht sehr musikalisch. Das gab er bei einem Treffen mit Vertretern der Vereinigung von katholischen Jugendchören Pueri Cantores offen zu. Nachdem ihm die Jungen und Mädchen ein Lied vorgesungen hatten, durften sie ihm Fragen stellen. Da war natürlich die erste Frage, ob der Papst selber gern singt. Franziskus erklärte, dass er lieber anderen beim Singen zuhöre. „Ich höre Gesang gerne, aber wenn ich sänge, würde ich wie ein Esel klingen, denn ich kann nicht singen."

Wer's glaubt, wird selig

„Wer weiß, ob's wahr ist"

Der alte und gutmütige Pfarrer erteilt aushilfsweise Religionsunterricht, weil der Konfrater erkrankt ist. Als er den Brudermord
Kains an Abel mit pathetischen Worten schildert, wird die Klasse
unruhig. Schließlich geht eine große Unruhe durch die Bankrei-
hen. Der kleine Peter fängt an zu schluchzen und will sich nicht
wieder beruhigen. Als auch andere Kinder mit den Tränen kämp-
fen, sagt der Pfarrer tröstend: „Kinder, beruhigt euch doch. Wer
weiß, ob's wahr ist."

Ganz gewöhnlich

Der französische Gesandte de Brosse machte in Rom zu Beginn
des 18. Jahrhunderts einige Erfahrungen mit der „Elevation" des
heiligen Philipp Neri, worüber er in seinen Reisebriefen berichtete. So hatte man ihm erzählt, dass ein Besucher von S. Maria
in Vallicella, der Kirche, in der Philipp Neri über viele Stunden
den Gläubigen die Beichte abnahm, vor dem Hauptaltar einen
schwebenden, ganz im Gebet versunkenen Mann wahrnahm.
Ein Laienbruder, der in der Kirche mit seinem Besen beschäftigt
war, schien das überhaupt nicht zu berühren, denn er kehrte unter dem schwebenden Mann her. Als der Besucher ihn daraufhin
ansprach, was hier geschehe, antwortete der Bruder, als sei es
das Selbstverständlichste der Welt: „Gar nichts. Vater Philippus
ist nur in Verzückung!"

Prädestination

Die Frage, ob das Schicksal eines Menschen vorausbestimmt sei
oder ob er einen unbegrenzten freien Willen habe, wurde durch
viele Jahrhunderte diskutiert und gibt auch heute zu manchen
Kontroversen Anlass. Ein Prediger in Texas, der dem Prädestina-

tionsglauben anhing, reinigte sein Gewehr, füllte Patronen nach und wollte sich auf die Reise in ein von Indianern kontrolliertes Gebiet machen. Der Nachbar sah, welche Vorbereitungen der Prediger unternahm, und sagte: „Warum der Aufwand? Wenn es dir bestimmt ist, dass ein vergifteter Pfeil auf dich abgeschossen wird und du stirbst, kannst du doch nichts ändern."

„Das ist richtig", antwortete der Prediger und schnallte die Büchse über. „Vielleicht ist die Zeit des Indianers nach der Vorsehung aber auch abgelaufen."

Der Herr der Heerscharen

Im preußisch-österreichischen Kriegszug gegen Dänemark war mit der Erstürmung der „Düppeler Schanzen" am 18. April 1864 ein erster Sieg errungen. Prinz Friedrich Karl von Preußen wurde als Sieger dieser Schlacht gefeiert und erhielt vom König Wilhelm I. ein Dankschreiben. Es begann mit den Worten: „Nächst dem Herrn der Heerscharen danke ich Dir ..." Im Grunde hatte jedoch General Friedrich von Wrangel den Befehl über das preußische Heer, war jedoch an dieser Schlacht nicht beteiligt. Ein höherer Offizier wollte von Wrangel ein wenig ärgern und sagte, es sei doch bedauerlich, dass der König in seinem Dankschreiben ihn als Oberbefehlshaber mit keinem Wort erwähnt habe. Darauf sagte der Generalfeldmarschall: „Wat woll'n Sie denn? Ham Sie nich jelesen, da steht doch: ‚Nächst dem Herrn der Heerscharen'. Na, und damit meint Majestät ohne Zweifel mir."

Richtige Reihenfolge

„Welches", fragt die Gemeindeschwester, „ist das erste der Sakramente?"

„Die Taufe!", ruft Stephan.

„Nein!", entgegnet Sebastian. „Vor der Taufe muss das Sakrament der Ehe kommen."

Sammelbuße

In der Beichte jammert die Frau mehr über die Fehler ihres Mannes als über die eigenen. Schließlich bekommt sie zur Buße auf: „Beten Sie ein Gesätz des schmerzhaften Rosenkranzes für sich und einen ganzen Rosenkranz für die Verfehlungen Ihres Mannes."

Taufgespräche

„Was gehört unbedingt zu einer Taufe dazu?"

„Das Kind, Herr Pfarrer."

Vorbildlich

Die kleine Anna wird getauft. Sie verhält sich mucksmäuschenstill. „Ein so braves Kind habe ich bei der Taufe noch nie erlebt", lobt der Pfarrer.

„Kein Wunder" lächelt der Bruder, „Mutti hat mit Elsbeth ja auch eine Woche trainiert."

Tu es!

Peter ist sich lange nicht im Klaren, ob er zu Ostern einen neuen Fernsehapparat kaufen soll oder nicht. Einerseits ist der alte noch in Ordnung, doch ein neuer hätte einen Flachbildschirm und wäre von größerem Format.

Siglinde, seine Frau, drängt ihn schon eine Weile zum Kauf. Als beide schließlich am Palmsonntag aus der Kirche kommen, sagt Peter: „Ich kaufe ihn."

„Was hat dich denn jetzt dazu bewogen?", fragt Siglinde überrascht.

„Der Kirchenchor hat so überzeugt und klar gesungen: ‚Tu es Petrus'!"

Logische Antwort

Der Theologieprofessor Friedrich August Tholuck (1799–1877) war dafür bekannt, dass er seinen Theologen ausgeklügelte und manchmal auch unsinnige Fragen stellte, um ihre Schlagfertigkeit zu erproben. Einmal fragte er spitzbübisch: „Warum hat Gott am dritten Schöpfungstag den Bäumen Blätter und keine Haare verpasst?"

Ein Student erhob sich und sagte spontan: „Weil Gott in seiner Allwissenheit vorausgesehen hat, dass kein Staat so viel Förster anstellen und bezahlen könnte, wie nötig wären, um den Bäumen Zöpfe zu flechten."

Der Professor dankte verblüfft für diese logische Antwort.

Pseudonym des Herrgotts

Ein Patient kam zu dem gläubigen Dichterarzt Friedrich Wilhelm Weber (1813–1894), der vor allem durch sein Versepos „Dreizehnlinden" bekannt wurde und in Bad Lippspringe und Bad Driburg als Badearzt praktizierte. „Ein glücklicher Zufall rettete mir das Leben", behauptete der Patient. Worauf Weber nachdenklich erklärte: „Zufall, lieber Freund, ist ein Pseudonym des Herrgotts."

Gott ist nur Internist

Geheimrat Kraus von der Berliner Charité wollte eine Patientin von seiner Inneren Station in die Chirurgische Abteilung verlegen, weil ihm eine Operation unerlässlich erschien. Doch die Frau weigerte sich und sagte: „Der Herrgott hat mir bis hierher geholfen, er wird es auch weiterhin tun."

„Da bin ich nicht so sicher", erwiderte Kraus, „Gott ist auch nur Internist."

Abstehende Ohren

Immer wieder wird Markus wegen seiner abstehenden Ohren in der Schule gehänselt. Schließlich kommt er weinend nach Hause und klagt der Mutter sein Leid. „Dafür kann doch niemand etwas", tröstet die Mutter. „Das hat der liebe Gott doch so gemacht."

Markus erwidert trotzig: „Bei dem lassen wir aber nichts mehr machen."

Vor oder nach Christus

„Mein Vater ist noch im 19. Jahrhundert geboren!", sagt der Pfarrer, um mit diesem Datum Eindruck bei seinen Schülern zu wecken. Darauf die Frage aus der letzten Bank: „Vor oder nach Christus?"

Nicht im Keller

Im Religionsunterricht spricht der Junglehrer mit den Schülerinnen und Schülern über Gottes Allgegenwärtigkeit. Darauf meint einer der Schüler: „Bei uns im Keller kann der liebe Gott nicht sein, der ist voller Kartoffeln."

Das richtige Kreuz

Ein Pilger war am Ende seiner Tagesetappe angekommen. Er fühlte sich müde und ausgelaugt und beschloss, die Nacht in freier Natur zu verbringen. Alsbald fiel er in einen tiefen Schlaf und träumte, er käme in einen Saal, in dem viele Kreuze der Reihe nach aufgestellt waren. Da sah er sich, wie er zu Gott sprach: „Herr, das Kreuz, das du mir auferlegt hast, ist zu schwer. Darf ich mir unter diesen ein anderes auswählen?"

„Du meist also, dass dein Kreuz zu schwer sei? Nun, dann suche dir ein anderes aus. Aber wähle klug", antwortete Gott.

Der Träumer ging an der Kreuzreihe entlang. Er hob sie der Reihe nach auf. Eines erschien ihm noch schwerer als das, das ihm gehörte, ein anderes war zu eckig und kantig, es drückte auf den Schultern, ein anderes wieder zu schmal und lang. Kurz, er hatte an allen Kreuzen etwas auszusetzen und keines schien zu ihm zu passen. Schließlich blieb er vor dem letzten Kreuz stehen. Das schien ihm geeignet zu sein. Nicht zu schwer, keine scharfen Kanten, an Gewicht erträglich – kurz, in allem akzeptabel.

„Dieses Kreuz, Herr, nehme ich", verkündete der Pilger zufrieden.

„Mir ist es recht", nickte Gott, „aber kommt es dir nicht bekannt vor? Es ist das Kreuz, das ich für dich ausersehen hatte und das du bisher getragen hast."

Heiter weiter –
die letzten Dinge

In Ungnade

Jean-Baptiste Poquelin, mit Künstlernamen Molière (1622–1673), war wegen seines „Tartuffe" bei der Kirche in Ungnade gefallen und exkommuniziert worden. Als er starb, sollte er nicht in geweihter Erde beigesetzt werden. Da wandte sich die Witwe in ihrer Verzweiflung an den König. Ludwig XIV. ließ den Bischof fragen: „Wie tief reicht die geweihte Erde?" Darauf erhielt er die Antwort: „12 Fuß." Der König wies die Bestatter an: „Begrabt ihn 15 Fuß tief."

Funkstille

Voltaire (1694–1778), der eigentlich François-Marie Arouet hieß, war einer der meistgelesenen französischen und europäischen Autoren der Aufklärung. Als er in Begleitung eines Freundes einmal einem Priester begegnete, der mit den Sterbesakramenten zu einem Kranken ging, blieb er stehen und zog den Hut. Der Freund fragte, ob sich Voltaire mit dem lieben Gott versöhnt habe, worauf dieser antwortete: „Wir grüßen uns, aber wir sprechen nicht miteinander."

Die jämmerliche Gedenkrede

Der hochbetagte Dichter Wilhelm Raabe (1831–1910) nahm an einer Trauerfeier teil. Die Gedenkrede war ziemlich jämmerlich. „Wenn man so etwas hört", sagte der Dichter nach Verlassen des Friedhofs zu seinem Begleiter, „und bedenkt, dass einem eine solche Rede ebenfalls bevorsteht, möchte man am liebsten gar nicht sterben."

Seine Sache

Einmal erhielt der „Alte Fritz" Friedrich II. ein Aktenstück auf seinen Schreibtisch, in dem jemand die Absetzung eines bestimmten Geistlichen forderte, weil er ein Freigeist sei und an die Auferstehung der Toten am Jüngsten Tage nicht glaube. Der König vermerkter am Rand: „Das ist seine Sache. Wenn er am Jüngsten Tage nicht auferstehen will, soll er halt liegenbleiben."

Trost

Jim ist krank, sein Freund Sean besucht ihn.

„Du bist heute so nachdenklich", stellt Jim fest.

„Nun ja, man macht sich so seine Gedanken über die letzten Dinge. Was ist, wenn ich nun sterbe?"

„Ach, darüber würde ich mir nicht den Kopf zerbrechen", schmunzelt Sean, „denn es gibt kein schlechtes Ende."

„Wie meinst du das?", möchte Jim wissen.

„Also, mein Freund, du bist krank. Da gibt es zwei Möglichkeiten: Du wirst entweder gesund oder du stirbst. Wenn du gesund wirst, besteht kein Grund zur Traurigkeit. Wenn du aber stirbst, gibt es wieder zwei Möglichkeiten. Entweder du kommst in den Himmel oder in die Hölle."

„Schöne Aussichten", meinte Jim zerknirscht.

„Also, mein Freund, wenn du in den Himmel kommst, hast du keinen Grund, dich zu ärgern. Wenn du aber zur Hölle fährst, hast du ebenfalls keinen Grund, traurig zu sein. Denn du wirst so vielen Freunden die Hand schütteln müssen, dass du keinen Grund hast, unglücklich zu sein."

Wozu eine Seelenmesse?

Frau Jochheim hat ein Jahr zuvor ihren Mann verloren. Nun spricht der Pfarrer sie auf der Straße an. „Was meinen Sie, Frau Jochheim, wollen Sie nicht eine Seelenmesse für Ihren Mann bestellen?"

„Ach, wozu, Herr Pfarrer. Wenn mein Mann im Himmel ist, braucht er keine. Ist er in der Hölle, braucht er erst recht keine. Sitzt er aber im Fegefeuer, so kann ich sagen: So wie der gebaut ist, hält er die Qualen aus."

Einziger Trost?

Nach langem Leiden ist die Frau eines Kaufmanns gestorben. Der Pfarrer geht am vierten Tag nach der Beerdigung bei ihm vorbei, um zu sehen, wie es ihm ginge. Er trifft den Kaufmann vor einer Flasche Cognac sitzend an.

„Mein Gott", fragt der Pfarrer, „ist das Ihr einziger Trost?"

„Nein, Herr Pfarrer, ich habe noch sechs davon im Vorratskeller."

Gute Ehe

Der Pfarrer versucht eine Witwe zu trösten. „Ihr Mann war doch eine stattliche, liebenswürdige Erscheinung. Sie beide haben doch eine gute Ehe geführt."

Darauf die Witwe überrascht aufblickend: „Das ist mir neu."

Ein paar Millionen

Ein reicher Mann fühlt sein Ende nahen. Als er mit seinem Pfarrer Bilanz über sein Leben zieht, seufzt er: „Könne ich doch ein paar Millionen nach drüben mitnehmen."

„Sie werden nicht viel davon haben", meint der Pfarrer achselzuckend, „Geld brennt am ehesten."

Gespräch mit dem Chef

Ein Häftling steht vor der Hinrichtung. Der Gefängnisseelsorger begleitet ihn und redet in einem fort auf ihn ein. Schließlich wird es dem Delinquenten zu bunt. „Hören Sie endlich auf", ruft er, „in wenigen Augenblicken spreche ich mit Ihrem Chef!"

Kein Tor zur Ewigkeit ...

Über dem Haupteingang zum Friedhof steht der Spruch: „Hier ist das Tor zur Ewigkeit! Für jeden ist ein Platz bereit!"
Eines Tages ist das Tor verschlossen „Wegen Renovierungs-arbeiten vorübergehend geschlossen. Bitte den Nebeneingang benutzen."

Bloß nicht Posaune

Eine alte humorvolle Dame fühlte sich dem Tode nahe. Als der Arzt bei ihr war, sagte sie: „Herr Doktor, schreiben Sie, dass ich an Asthma gestorben sei."
Auf die erstaunte Nachfrage des Arztes erwiderte sie: „Ich möchte als Engel nicht Posaune blasen, sondern lieber die Harfe spielen."

Bei der Auferstehung behilflich

Als eine reiche Witwe zum Sterben kam, rief sie ihre treue Wirt-schafterin zu sich und sagte: „Höre, liebe Gertraude, du hast mir all die Jahre treu gedient. Nun sollst du mir auch im Tode nahe sein. Wir werden ein Doppelgrab kaufen, und wenn du gestorben bist, wirst du neben mir liegen. Ich hoffe, das freut dich."
„Ich danke der gnädigen Frau. Dann kann ich der gnädigen Frau gleich nach der Auferstehung behilflich sein."

Rechtmäßiger Besitz

Voltaire (1694–1778), der die Gastfreundschaft Friedrichs II. weidlich ausnutzte und immer zu einem Spott bereit war, äußerte in den Jahren 1750/52 an der berühmten Tafelrunde des Königs einmal: „Ich wäre, wenn es darauf ankommt, bereit, meinen Platz im Himmel für einen Taler zu verkaufen."

Darauf sagte ein Jurist aus der Tafelrunde: „Verehrter Herr Voltaire! Hier herrscht preußisches Recht. Nach preußischem Recht darf man nur verkaufen, was man als rechtmäßigen Besitz nachweisen kann."

Klimatische und gesellschaftliche Gründe

Molière (1622–1673), der berühmte Dichter, befand sich auf einer Hofgesellschaft, wo man über Himmel und Hölle und ein Leben nach dem Tode diskutierte. Die Unterhaltung war in lebhaftem Schwange, nur Molière beteiligte sich nicht an der Diskussion. Als man ihn schließlich fragte, ob er zum Thema nicht beizusteuern habe, antwortete er: „Ich kenne weder den Himmel noch die Hölle. Doch wenn ich den Ausführungen des Hofgeistlichen Glauben schenken kann, dürfte der Himmel aus klimatischen Gründen angenehmer sein als die Hölle. Allerdings vermute ich, dass die Hölle in gesellschaftlicher Hinsicht größere Vorzüge aufweist."

Letzte Ölung?

Oma klagt über Kopfschmerzen. Die zehnjährige Enkelin Luisa ist zu Besuch. Opa sagt zu Luisa: „Hol doch mal bitte die ‚Frater-Gebhards-Kloster-Essenz' von Omas Nachttisch und reib ihr die Stirn damit ein." Darauf erwidert Luisa entrüstet: „Oma ist doch nicht so krank, dass sie schon die Letzte Ölung braucht."

Auf dem Friedhof

Oma geht mit der Enkelin auf den Friedhof. „Das ist der Name des Verstorbenen", erklärt sie, als sie vor einem Grab stehenbleiben. „Und darunter steht die Telefonnummer des Toten", kommt es prompt aus dem Munde der Enkelin.

Gestorben werden

Oma und Enkel besuchen den Friedhof, um dem Opa eine Blume aufs Grab zu bringen. Als beide den Kirchhof verlassen, geht ein altes Mütterchen vor ihnen her. Eine Weile folgen sie seinen Spuren, dann sagt der Enkel: „Oma, die Frau ist schon steinalt, die muss sicher bald gestorben werden."